Friedrich Beese / Was ist Psychotherapie?

FRIEDRICH BEESE

Was ist Psychotherapie?

Ein Leitfaden für Laien
zur Information über ambulante und
stationäre Psychotherapie

2., durchgesehene und ergänzte Auflage

Verlag für Medizinische Psychologie im Verlag
Vandenhoeck & Ruprecht in Göttingen

CIP-Kurztitelaufnahme der Deutschen Bibliothek

Beese, Friedrich:
Was ist Psychotherapie?: Ein Leitf. für Laien zur Information über ambulante u. stationäre Psychotherapie / Friedrich Beese. – 2., durchges. u. erg. Aufl. – Göttingen: Verlag für Med. Psychologie im Verl. Vandenhoeck & Ruprecht, 1980.

ISBN 3-525-45653-0

© Vandenhoeck & Ruprecht, Göttingen 1980. – Printed in Germany. Ohne ausdrückliche Genehmigung des Verlages ist es nicht gestattet, das Buch oder Teile daraus auf foto- oder akustomechanischem Wege zu vervielfältigen. – Satz und Druck: C. W. Niemeyer, Hameln. – Bindearbeit: Hubert & Co., Göttingen.

Vorwort

Der hier vorgelegte Leitfaden entstand in gleicher Weise aus dem Bedürfnis von Psychotherapeuten, überweisenden Stellen und Patienten. Viele Psychotherapeuten – sowohl in eigener ambulanter Praxis tätige als auch in einer Klinik arbeitende – wünschen sich für die Patienten, die ihnen zur Behandlung überwiesen werden, eine sachgerechte Vorinformation über Psychotherapie. Der überweisenden Instanz (Arzt für Allgemeinmedizin und andere medizinische Fachrichtungen, psychologische Beratungsstellen, Sozialarbeiter, Pfarrer u. a.) fehlt meist die Zeit zu einer ausreichenden Information der Patienten, für die eine Psychotherapie in Frage kommt. Der Patient, welcher zum Psychotherapeuten überwiesen wird, oder der diesen aus eigenem Entschluß aufsuchen möchte, hat aber ein intensives, verständliches und berechtigtes Bedürfnis, gründlich über das vorgeschlagene Behandlungsverfahren, nämlich die Psychotherapie, informiert zu werden.

Der erste Teil beschreibt mit ambulanter Psychotherapie zusammenhängende, für den in Behandlung gehenden Patienten wichtige Fragen. Hierbei wird – entsprechend der unterschiedlichen Häufigkeit der im ambulanten und stationären Bereich angewandten Methoden – die analytische Standard-Psychotherapie als Einzel- und Gruppenbehandlung ausführlicher dargestellt, während die stützenden, übenden und konditionierenden Verfahren nur in knapperer Form beschrieben werden.

Der Verfasser ist der Überzeugung, daß die Vorteile, die mit einer sachgemäßen Information des Patienten über die Grundprinzipien und praktischen Gegebenheiten psychotherapeutischer Verfahren verbunden sind, ein erhebliches Übergewicht haben gegenüber dem möglichen Nachteil, daß der Patient schon etwas „vorprogrammiert" in die Behandlung kommt, und ihm dadurch die notwendige Spontaneität fehlen könnte.

Es ist zu hoffen, daß diese Informationsschrift vielen Patienten, die aus Angst und Scheu auf Grund auch heute noch weit verbreiteter Vorurteile gegenüber psychischen Krankheitsursachen und psychischen Behandlungsmethoden zu befangen sind, um zum Arzt zu gehen, dazu verhilft, diese Hindernisse zu überwinden und damit den Weg zu der für sie notwendigen Behandlungsart zu öffnen.

Andererseits können durch eine sachentsprechende Information auch unrealistische „Riesenerwartungen" an die Psychotherapie abgebaut und damit künftige Enttäuschungen vermieden werden.

Der zweite Teil stellt die wichtigsten Gegebenheiten dar, die mit der Behandlung in *stationären* psychotherapeutischen und psychosomatischen Einrichtungen (Kliniken und Abteilungen) zusammenhängen.

Für die Niederschrift und Durchsicht des Manuskriptes danke ich meiner Mitarbeiterin, Frau Heinze.

Stuttgart, April 1975　　　　　　　　　　　Friedrich Beese

Vorwort zur 2. Auflage

Diese Informationsschrift hat, wie zahlreiche Zuschriften von Patienten, Ärzten und Psychologen erkennen lassen, das Anliegen des Autors, eine allgemeinverständliche Information über Psychotherapie zu geben, erfüllt. Die 2. Auflage konnte sich deshalb auf wenige Änderungen und Ergänzungen beschränken, die durch neue Entwicklungen im Berufsbild des Psychotherapeuten und in der Kostenerstattungspraxis für psychotherapeutische Behandlungen durch die öffentlichen Kostenträger notwendig geworden sind.

Stuttgart, im April 1980　　　　　　　　　　Friedrich Beese

Inhaltsübersicht

Vorwort 5
Leseempfehlung 8
Einführung 9

A. *Ambulante Psychotherapie* 12
1. Grundlagen und Wirkungsweise psychotherapeutischer Behandlungsverfahren 12
2. Die Praxis der psychotherapeutischen
   Behandlungsverfahren 21
   a) Das psychotherapeutische Standard-Verfahren
      (Analytische Einzel-Psychotherapie) 23
   b) Kurz-Psychotherapie 39
   c) Psychotherapie bei Kindern und Jugendlichen 40
   d) Psychotherapie in Gruppen
      (Analytische Gruppen-Psychotherapie) 43
   e) Ehepaar-Gruppenpsychotherapie und Familien-
      Psychotherapie 45
   f) Stützende, entspannende, übende und konditionierende
      psychotherapeutische Verfahren (Gesprächstherapie,
      Autogenes Training, Hypnose und Verhaltenstherapie) 47
3. Die Finanzierung der Psychotherapie 50

B. *Stationäre Psychotherapie (Behandlung in einer*
   psychotherapeutischen oder psychosomatischen
   Klinik, Abteilung oder Kurklinik) 54
1. Gründe für stationäre Psychotherapie 56
2. Die Dauer der stationären psychotherapeutisch-
   psychosomatischen Behandlung 59
3. Formalitäten und notwendige Maßnahmen
   vor der Einweisung in die Klinik 61
4. Der Aufenthalt in der Psychotherapeutischen
   oder Psychosomatischen Klinik 62

Psychotherapeutische Weiterbehandlung
nach der Klinikentlassung 82

Schlußwort 85

Leseempfehlung

Diese Schrift soll den Leser informieren und ihm Antworten auf die wichtigsten, mit ambulanter und stationärer Psychotherapie zusammenhängenden Fragen geben. Trotz der angestrebten Kürze ist ein gewisser Umfang, der über die Leitsätze eines Merkblattes natürlich hinausgeht, im Hinblick auf die Vielgestaltigkeit des Themas unvermeidbar gewesen.

Der Text ist aber so übersichtlich gegliedert, daß der an einzelnen Fragen besonders interessierte Leser nur die Abschnitte über diese speziellen Fragen zu lesen braucht. Im Inhaltsverzeichnis wird er rasch das Gesuchte finden (z. B.: „Das psychotherapeutische Standard-Verfahren" – „Kurz-Psychotherapie" – „Gruppen-Psychotherapie" – „Stationäre Psychotherapie" – „Psychotherapie bei Kindern" – oder „Die Finanzierung der Psychotherapie").

Falls sich später das Bedürfnis nach einem zusammenhängenden Verständnis *aller* die Psychotherapie betreffenden Fragen einstellt, kann dann die Lektüre der noch nicht gelesenen Abschnitte nachgeholt werden.

Der Verfasser

Einführung

Diese Schrift wendet sich an diejenigen Leser, welche von einem Arzt, einem Psychologen oder einer Beratungsstelle zu einem Psychotherapeuten zur Behandlung überwiesen worden sind, die aber gar nichts oder nur sehr wenig über Psychotherapie wissen, und die sich deshalb genauer über diese Behandlungsart informieren wollen. Dasselbe gilt für Patienten, die in eine psychotherapeutische oder psychosomatische Klinik eingewiesen werden sollen, oder für die ein stationäres Heilverfahren in einer psychotherapeutischen oder psychosomatischen Kurklinik vorgesehen wurde.

Vielleicht gehören Sie aber auch zu denjenigen Lesern, die sich über Psychotherapie deshalb informieren wollen, weil Sie selbst schon manchmal daran gedacht haben, zu einem Psychotherapeuten zu gehen, da Sie bestimmte nervöse Störungen, Hemmungen, Ängste, Kontaktschwierigkeiten, Arbeitsbehinderungen oder Beeinträchtigungen Ihrer sexuellen Erlebnisfähigkeit bei sich bemerkt haben. Dann soll Ihnen dieser Leitfaden dazu dienen, die wichtigsten mit der Durchführung psychotherapeutischer Behandlungen zusammenhängenden Fragen zu beantworten.

Sie werden erfahren, wie man in eine Psychotherapie kommt, was in der Behandlung geschieht, wie lange sie dauert, was sie kostet, wer die Kosten trägt oder dazu beiträgt und andere wichtige praktische Fragen. Auch wenn Ihrem *Kind* eine psychotherapeutische Behandlung empfohlen wurde, wird Ihnen diese Schrift die notwendigen Informationen vermitteln über das, was in einer Kinder-Psychotherapie geschieht, und wie Sie als Mutter oder Vater dabei mithelfen können.

Sie haben vielleicht schon etwas von Psychotherapie gehört oder gelesen. Sie kennen vielleicht auch jemanden, der schon eine Zeitlang bei einem Psychotherapeuten in Behandlung ist. Sie können sich aber noch kein klares Bild davon machen, was Sie eigentlich in einer solchen Behandlung erwartet, was eigentlich dabei geschieht, vor allem was dabei mit Ihnen geschieht. Ihre Informationen über Psychotherapie sind vielleicht sogar widersprüchlich. In einer Illustrierten haben Sie gelesen, daß man durch eine vierteljährige psychotherapeutische Behandlung schwere nervöse Symptome loswerden und dabei gleichzeitig ein anderer Mensch werden kann, während Ihre Schwägerin, die schon drei Jahre lang regelmäßig zum Psychoanalytiker geht, immer noch unter dem Zwang leidet, sich bis zu fünfzigmal am Tage die Hände waschen zu müssen.

Kann denn Psychotherapie überhaupt helfen? Eine Behandlung, in der keine Tabletten oder Spritzen verabreicht werden, keine Bestrahlungen angewandt und keine Operationen durchgeführt werden, sondern wo nur gesprochen wird? Was sollen denn derartige Gespräche nutzen, in welcher Form finden sie eigentlich statt? Besteht nicht auch die Gefahr, daß man ganz unter den Einfluß seines Psychotherapeuten gerät und am Ende gar keine eigene Meinung mehr hat und keine eigene Entscheidung mehr treffen kann? Psychotherapie soll doch auch etwas mit Hypnose zu tun haben, hat Ihnen vielleicht jemand gesagt. Und Hypnose ist doch etwas ganz Unheimliches. Da wird man doch völlig willenlos gemacht und unter Umständen sogar dazu gezwungen, unter dem hypnotischen Einfluß Dinge zu tun, die man bei klarem Verstand niemals tun würde.

Sie kennen vielleicht auch einen Arzt, der nichts von Psychotherapie hält. Er müßte doch eigentlich die wirksamen modernen Behandlungsverfahren kennen. Demnach ist vielleicht die Psychotherapie gar keine ärztlich-wissenschaftlich anerkannte Behandlungsmethode, sondern nur ein Verfahren, das von Außenseitern ausgeübt wird, Ihnen aber keinen Nutzen bringt, für das Sie andererseits aber viel Zeit und – wenn es Ihre Krankenkasse nicht bezahlt – auch viel Geld aufwenden müssen.

Auf diese und eine Anzahl weiterer Fragen möchte ich versuchen, Ihnen in diesem Büchlein eine Antwort zu geben. Falls Sie zu denen gehören, die zu einer ambulanten oder stationären Psychotherapie von Ihrem Arzt oder einer psychologischen Beratungsstelle überwiesen wurden, werden Sie nach dem Lesen dieser Schrift wahrscheinlich eine klarere Vorstellung von dem haben, was Sie in der Behandlung beim Psychotherapeuten erwartet, und was *Sie* sich davon erwarten können – und auch, was Sie sich *nicht* davon erwarten können. Falls Sie hingegen zu denjenigen gehören, die sich gern über bestimmte seelische Probleme klarer werden wollen, die bestimmte Ängste oder Hemmungen loswerden möchten und deshalb gern einen Psychotherapeuten aufsuchen möchten, ohne daß ein Arzt oder ein Psychologe Sie schon dorthin überwiesen hat, werden Sie vielleicht nach der Lektüre dieser Schrift eher den Mut finden, Ihren Entschluß zu verwirklichen und die Wege kennenzulernen, die zur Verwirklichung Ihrer Absicht führen.

A. Ambulante Psychotherapie

1. Grundlagen und Wirkungsweise psychotherapeutischer Behandlungsverfahren

Was ist Psychotherapie?

Psyche ist das griechische Wort für Seele, Therapie heißt Krankenbehandlung. Psychotherapie ist also *Krankenbehandlung mit seelischen Mitteln.* Im Gegensatz dazu steht die Ihnen vertraute ärztliche Behandlung mit physischen = körperlichen Mitteln, also der Verabreichung von Medikamenten, der Anwendung von Bestrahlungen, der Durchführung von operativen Eingriffen oder der Verabfolgung von Heilkost.

Was bewirkt Psychotherapie?

Sie werden vermuten, daß durch seelische Behandlung auch seelische Krankheitserscheinungen wie Ängste, Depressionen, Hemmungen usw. geheilt werden. Das ist durchaus richtig, es ist aber nicht vollständig. Psychotherapie kann auch körperliche Leidenssymptome heilen. Diese zunächst überraschende Tatsache werden Sie sofort verstehen, wenn Sie sich klarmachen, daß viele körperliche Vorgänge eng mit seelischen Vorgängen zusammenhängen, und daß viele körperliche Krankheiten in Wirklichkeit seelische Ursachen haben. Sie wissen aus eigener Erfahrung, und die Sprache hat längst feststehende Redewendungen dafür gefunden, daß Ihnen ein ungelöstes „Problem Kopfschmerzen machen" kann, daß Ihnen ein „Ärger auf den Magen schlagen" kann, daß Ihnen „vor Wut die Galle übergehen" kann, oder daß Ihnen ein schmerzliches Erlebnis „an die Nieren gehen" kann.

Körperliche Krankheiten und seelische Ursachen

Mittlerweile hat sich innerhalb der Medizin ein wissenschaftlicher Spezialzweig entwickelt, der sich nur mit den seelisch verursachten Körperkrankheiten beschäftigt, die *psychosomatische Medizin* (soma = Körper). Heute weiß man, daß die

Krankheitsursachen vieler Fälle von Bronchial-Asthma, von Magengeschwüren, von Dickdarmentzündungen (Colitis ulcerosa), von krankhafter Abmagerung (Anorexia nervosa), von Herzjagen und Herzrhythmusstörungen, von Migräne, von Hautflechten und noch anderen körperlichen Krankheiten im seelischen Bereich liegen. Deshalb müssen die an solchen psychosomatischen Krankheiten leidenden Patienten sich neben der körperlichen Behandlung ihrer Leiden auch psychotherapeutisch behandeln lassen. Sie haben dadurch die Aussicht, von ihrem Leiden grundlegend befreit zu werden.

Wie sind die Heilungsaussichten durch Psychotherapie?

Für die Aussichten, mittels Psychotherapie von psychoneurotischen oder psychosomatischen Krankheiten oder Störungen geheilt zu werden, gelten ähnliche Maßstäbe und Kriterien wie bei der Beurteilung der Heilungsaussichten organischer Krankheiten mittels allgemeiner ärztlicher Behandlungsmethoden. Vor allem gilt die Regel, daß die Heilungsaussichten um so besser sind, je kürzer die Zeit seit dem Auftreten der ersten Krankheitszeichen ist. Je länger die Neurose, d.h. die seelisch verursachte Erkrankung besteht, je „fixierter" oder „chronischer" sie ist, um so begrenzter sind die Erfolgsaussichten.

Frühbehandlung ist wichtig

Auch das *Lebensalter* spielt eine Rolle. Ähnlich wie bei der Heilung organischer Krankheiten die größere Regenerationskraft der Körpergewebe – z.B. bei Knochenbrüchen – die Heilungsaussichten bei jüngeren Menschen gegenüber älteren verbessert, sind die Erfolgsaussichten in der Psychotherapie bei jüngeren Menschen wegen ihrer gegenüber älteren noch stärkeren seelischen Gesundungs- und Selbstentfaltungskräfte in der Regel grundsätzlich besser. Hinzu kommt die bei jüngeren Menschen wesentlich besser ausgebildete Fähigkeit, sich noch in grundlegenden Charakter- und Wesenszügen zu verändern und an neue Situationen anzupassen. Diese psychische Anpassungs- und Umstellungsfähigkeit nimmt in der zweiten Lebenshälfte, d.h. über vierzig Jahre, deutlich ab. Infolge der Entwicklung spezieller psychotherapeutischer Methoden in den letzten Jahrzehnten können aber dennoch zahlreiche seelisch verursachte Krankheiten auch im mittleren und höheren Lebensalter erfolgreich behandelt werden.

Eine weitere wichtige Voraussetzung für einen guten Heilerfolg durch Psychotherapie ist der *eigene Gesundungswille* des Patienten und seine *Bereitschaft, in der Psychotherapie selbst aktiv mitzuarbeiten.*

Je nachdem, in welchem Ausmaß die eben angeführten Merkmale und weitere, hier nicht erörterte psychologische und körperliche Voraussetzungen in ihrer Gesamtheit die Behandlungsaussichten beeinflussen, kann die Heilungsvorhersage unterschiedlich ausfallen. Im positivsten Fall kommt es zur vollständigen Beseitigung der Krankheitserscheinungen und zusätzlich zu einer so weitgehenden Festigung und Gesundung der Persönlichkeit, daß damit auch ein Schutz gegen das Auftreten erneuter Symptome (Rückfälle) in der Zukunft gegeben ist. Unter etwas weniger günstigen Voraussetzungen werden die Krankheitserscheinungen zwar beseitigt, gelingt die Stabilisierung der Persönlichkeit aber nicht so weitgehend, daß jegliche Rückfälle in der Zukunft verhindert werden können. Falls solche eintreten, sind sie dann aber meist leichterer Natur und können durch eine kürzere psychotherapeutische Nachbehandlung behoben werden. Bei chronischen, d.h. durch jahrelange Dauer verfestigten seelisch verursachten Krankheitserscheinungen kann häufig nur eine Besserung und keine völlige Beseitigung der Symptome erreicht werden. Diese ist aber oft so erheblich, daß die Arbeitsfähigkeit wieder eintritt und daß ein deutlicher Zuwachs an Lebensgefühl, Lebensgenuß und Fähigkeit zu einer sinnvollen Lebenserfüllung damit verbunden sein kann. Deshalb ist in solchen Fällen, obwohl die Krankheit nicht völlig geheilt werden kann, der mit einer Psychotherapie verbundene erhebliche Aufwand durchaus noch sinnvoll.

Im Anschluß an die eben gegebene Darstellung der sich mit zunehmender Krankheitsdauer verringernden Behandlungsaussichten möchte ich Ihnen, falls Sie sich noch nicht dazu entschlossen haben, zu einem Psychotherapeuten zu gehen, obwohl bereits deutliche auf Neurose verdächtige Krankheitserscheinungen oder Störungen bestehen, dringend raten, mit diesem Gang zum Psychotherapeuten nicht zu lange zu zögern. Meistens erfüllt sich die Hoffnung, daß „sich alles von allein mit der Zeit geben wird", nicht, und die Heilungsaussichten sind, wenn Sie noch zwei oder drei Jahre mit dem Behandlungsbeginn warten, dann eindeutig schlechter als jetzt! Der gleiche Rat gilt für Sie als Eltern, wenn Sie bei Ihren Kindern neurotische Symptome beobachtet haben, oder wenn Sie unsicher sind, ob es sich um solche handeln könnte. Bei rechtzeitiger Behandlung im Kindesalter auftretender neurotischer Störungen sind die Erfolgsaussichten besonders günstig. Außerdem wird mit der frühzeitigen Behandlung einer kindlichen Neurose der Übergang einer solchen in eine Erwachsenen-Neurose und die eventuelle Chronifizierung einer solchen verhindert.

Behandlung von Kinder-Neurosen verhindert Erwachsenen-Neurosen

Leider gibt es unter den Patienten mit psychoneurotischen und psychosomatischen Erkrankungen auch solche, bei denen auf Grund ungünstiger seelischer oder körperlicher Voraussetzungen eine Psychotherapie von vornherein nicht angewandt werden kann, da keine Heilungschancen bestehen. Auch gibt es einzelne Patienten mit schweren, langjährig bestehenden Krankheitserscheinungen, deren Zustand sich trotz einer langen und intensiven Psychotherapie nicht bessert, in vereinzelten Fällen sogar verschlechtert. Es gibt mit anderen Worten auch unheilbare Krankheitsfälle in der Psychotherapie.

Bedenken Sie jedoch, daß es trotz aller Fortschritte in der Medizin auch auf körperlichem Gebiet eine größere Anzahl unheilbarer Krankheiten oder besser einzelner Krankheitsfälle gibt, und lassen Sie sich nicht dazu verleiten, denjenigen Gehör zu schenken, die von der Aussichtslosigkeit der psychotherapeutischen Behandlungsmethoden in einigen Einzelfällen die unberechtigte Verallgemeinerung ableiten, daß Psychotherapie überhaupt aussichtslos sei. Halten Sie diesen Kritikern und sich selbst vor Augen, daß es nicht wenige Fälle von Magen-, Gebärmutter- oder Brustkrebs gibt, deren Erkrankung trotz einer Operation weiter fortgeschritten ist, oder von denen sogar einzelne bei der Operation gestorben sind, und daß trotzdem die operative Behandlung derartiger schwerer Erkrankungen mit guten Gründen weiterhin eine anerkannte ärztliche Behandlungsmethode bleiben wird. Und zwar aus dem gleichen Grunde, weshalb auch Psychotherapie eine anerkannte Behandlungsmethode ist und bleiben wird, nämlich weil sie – so frühzeitig wie möglich und fachkundig angewandt – ein hohes Ausmaß an echten Heilungsaussichten bietet.

Psychotherapie – heute ein fester Bestandteil der ärztlichen Wissenschaft

Psychotherapie: heute medizinisches Lehrfach und Behandlungsverfahren

Die Lehre von der seelischen Verursachung vieler seelischer und körperlicher Leiden und deren Behandlung mittels Psychotherapie ist mittlerweile ein fester Bestandteil der ärztlichen Wissenschaft und Praxis geworden und wird seit einigen Jahren angehenden Ärzten auf den Universitäten in den Grundzügen gelehrt. Da viele heute praktizierende Ärzte dieses Wissen während ihres Studiums noch nicht erwerben konnten, ist es verständlich, daß einige von ihnen keine tiefergehende Kenntnis davon haben. Es gibt aber genügend Ärzte mit psychotherapeutischen Spezialkenntnissen – vor allem diejenigen, welche den Zusatztitel „Psychoanalyse" oder „Psychotherapie"*) führen –, daß Sie sich fachmännisch beraten lassen können, indem Sie einen solchen Spezialisten auf-

---

*) Die spezielle Qualifikation zur Ausübung der Psychotherapie erwirbt der Arzt nach seinem Staatsexamen im Rahmen einer intensiven fachlichen Weiterbildung. Die Zusatzbezeichnung „Psychoanalyse" ist neu. Ihre Einführung in den einzelnen Bundesländern erfolgte nicht gleichzeitig, so daß es zum Zeitpunkt der Drucklegung in einigen Ländern diese Bezeichnung noch nicht gibt.

suchen oder sich von Ihrem Hausarzt dorthin überweisen lassen.

Spezielle Vorgänge bei der Entstehung und Beseitigung seelisch verursachter Krankheitserscheinungen (Symptome)
Auf welche Art und Weise übt nun der Psychotherapeut seine Behandlung aus? Eine Behandlung, welche krankhaft veränderte seelische Vorgänge in Ihnen abbauen und sie durch gesunde ersetzen soll, und die Sie von Ihrem Stottern, Ihren Herzängsten, Ihrer sexuellen Gefühlskälte, Ihren Kontaktstörungen, Ihren Minderwertigkeitsgefühlen, Ihren Arbeitsbehinderungen oder Ihrem nervösen Magenleiden befreien soll?

Am besten kann man diese Frage wohl mit dem folgenden Satz beantworten: *Der Psychotherapeut hilft Ihnen dabei, sich selbst besser und vollständiger kennenzulernen.* Nun werden Sie vielleicht etwas überrascht sein, weil Sie sich kaum vorstellen können, wie eine solche vertiefte Selbstkenntnis Ihre Herzangst oder andere nervöse Symptome beseitigen soll. Ich möchte versuchen, Ihnen diese Zusammenhänge verständlich zu machen:

Vertiefte Selbsterkenntnis führt zur Heilung

Die meisten neurotischen Krankheitssymptome entstehen sozusagen als Folge eines seelischen Überdruckes. Zu einem solchen Überdruck kommt es dadurch, daß der Patient infolge zu strenger, liebloser oder triebfeindlicher Erziehung oder anderer seine seelische Entwicklung behindernder äußerer Einwirkungen gezwungen worden ist, einen zu großen Teil seiner normalen Triebwünsche, Lebens- und Selbstentfaltungskräfte zu unterdrücken und in sein Unterbewußtsein abzudrängen. Er hat deshalb nicht die Fähigkeit erlernen können, diese natürlichen Lebenskräfte und -wünsche in ausreichendem Maße in seinem Bewußtsein wahrzunehmen und hat aus diesem Grunde auch weiterhin nicht die Fähigkeit entwickeln können, diese Bedürfnisse und Wünsche durch aktives Handeln zu befriedigen. Bei einem ständigen Anwachsen des auf diese Weise entstandenen seelischen Innendruckes kommt es – wie bei einem unter Druck stehenden Dampfkessel, der immer mehr angeheizt wird, und dessen Abflußrohre oder Ventile verstopft sind – dazu, daß der Überdruck sich an einer schwachen Stelle Entlastung zu verschaffen sucht. Diese schwache Stelle ist, wenn man diesen Vergleich auf die Neurosenentstehung überträgt, irgendein seelischer oder körperlicher Vorgang, der nun von der angewachsenen Trieb-, Lebens- oder Wunschenergie „besetzt" wird. Durch eine solche Energie-Besetzung wird die betreffende seelische oder körperliche Funktion in ihrem normalen Ablauf gestört und krankhaft verändert. Diese krankhafte Veränderung stellt das neurotische Symptom dar. Zum Beispiel fängt das Herz an zu rasen, es kommt ohne äußeren Anlaß zu Schweißausbrüchen, die Magenwände verkrampfen sich und führen zu Schmerzen, die Stimmung ist bedrückt, es stellen sich unerklärliche Ängste ein usw.

Falls Sie an solchen oder anderen neurotischen Störungen leiden, ist demnach mit großer Wahrscheinlichkeit anzunehmen, daß zu wenig von Ihren inneren Bedürfnissen und Lebenskräften verwirklicht und nach außen abgeführt oder abreagiert wird, und daß Sie auch zu wenig von diesen inneren, in Ihnen selbst vorhandenen Kräften wissen, daß Sie sich also selbst zu wenig kennen. In der Psychotherapie wird Ihnen dazu verholfen, diese bisher unbewußt in Ihnen wirkenden Trieb- und Lebenskräfte allmählich kennenzulernen. Dadurch werden Sie in die Lage versetzt, mehr von Ihren Lebensbedürfnissen als bisher durch gesunde, d.h. Ihrer Wunscherfüllung und Ihrem Selbstgefühl dienende, nach außen gerichtete Handlungen zu befriedigen. Hierdurch kommt dann eine Entlastung zustande, und die unterdrückten, bisher nach innen verlagerten Lebensenergien können sich jetzt wieder von den Symptomen ablösen. Die Folge davon ist das Verschwinden der Krankheitserscheinungen.

Vielleicht verstehen Sie jetzt, warum die Voraussetzung für eine Symptom-Beseitigung eine Vertiefung und Erweiterung Ihres Wissens über sich selbst ist, insbesondere derjenigen Anteile Ihrer Persönlichkeit, welche im Verlaufe Ihres bisherigen Lebens in Ihr Unterbewußtsein abgedrängt worden waren.

Was tun Sie, und was macht der Psychotherapeut in der Behandlung?

Das Kernstück der Psychotherapie ist also eine *vertiefte Selbsterfahrung*. Diese sollen Sie selbst im Verlaufe der Behandlung mit sich machen. Das bedeutet, daß Sie hierzu *bereit* sein müssen, und daß Sie an den Selbsterfahrungsschritten *selbst aktiv mitarbeiten* müssen. Die Psychotherapie erfordert dementsprechend eine grundsätzlich andere Einstellung als die Ihnen gewohnte übliche (d.h. körperliche) ärztliche Behandlung. Dort müssen Sie zwar auch zur Annahme ärztlicher Hilfe bereit sein, können sich dann aber *passiv* den *Maßnahmen und Anweisungen* des Arztes überlassen.

<small>Aktive Mitarbeit des Patienten</small>

Der Psychotherapeut gibt Ihnen hingegen keine Anweisungen und keine Lebens- oder Verhaltensratschläge. Er führt auch keine Maßnahmen mit Ihnen durch. Seine Tätigkeit besteht vielmehr darin, daß er Ihnen durch Anregungen, Vermutungen, Erklärungen und Deutungen hilft, sich selbst besser zu verstehen.

Die Sprache: Ausdrucks- und Verständigungsmittel in der Psychotherapie

Um die zur Heilung notwendige Selbsterfahrung eintreten zu lassen, um mit anderen Worten bisher nicht bewußte Kräfte und Inhalte Ihrer Persönlichkeit bewußt werden zu lassen, bedarf es eines Ausdrucksmittels. Dieses ist bei den meisten psychotherapeutischen Verfahren die Sprache. Durch das Aussprechen wird das Bewußtwerden von bisher Unbewußtem und das Bewußterwerden von bisher Halbbewußtem ermöglicht und gefördert. Gleichzeitig dient die Sprache Ihrer Verständigung mit Ihrem Psychotherapeuten und seiner Verständigung mit Ihnen. Man nennt die über das Ausdrucks- und Kommunikationsmittel der Sprache ablaufenden Behandlungen auch *verbale* Psychotherapie-Formen.

<small>Seelische Gesundung durch Aussprechen</small>

*Nicht über die Sprache laufende (= averbale)
Ausdrucks- und Kommunikationsvorgänge*

Sie wissen, daß sich seelische Erregungen wie Freude, Trauer, Angst, Ekel, Wut, Zorn usw. nicht nur über die Sprache ausdrücken können, sondern außerdem noch über zahlreiche andere, von Ihnen selbst häufig gar nicht wahrgenommene Ausdrucksvorgänge. Vor allem durch das Lachen und Weinen, durch Seufzer, Stöhnen, Jammern, durch die vielfältigen Veränderungen des Gesichtsausdruckes, die Mimik, sowie durch die Besonderheiten der Körperbewegungen, durch die Gestik, die Haltung und den Gang.

Der Psychotherapeut achtet auch auf diese Ausdrucks-Signale, macht Sie darauf aufmerksam und regt Sie durch seine Äußerungen an, sich selbst vollständiger wahrzunehmen. Zur vertieften Selbsterfahrung gehört auch die bessere Wahrnehmung Ihres Körpers und die Herstellung der natürlichen Verbindung zwischen dem körperlichen und seelischen Bereich Ihres Erlebens, der *Körpergefühle*.

Averbale Psychotherapie-Formen

Nicht-sprachliche Ausdrucks- und Heilungsmöglichkeiten

Zu den nicht über das Sprechen ablaufenden seelischen Ausdrucks- und Selbsterfahrungsmitteln gehören auch die der *schöpferischen Phantasie* des Menschen entstammenden Kräfte und Handlungen. Es gibt einige Psychotherapeuten, die ihren Patienten deshalb empfehlen, aus ihrer freien schöpferischen Phantasie heraus zu malen oder in Ton zu formen. Es kann sich dabei herausstellen, daß Ihnen beim Malen oder beim Umgang mit Ton (Modellieren) vergessene Ereignisse von früher wieder einfallen, daß Sie neue seelische und körperliche Eigenschaften an sich selbst entdecken, oder daß Ihnen sogar Lösungsmöglichkeiten für gegenwärtige oder künftige Probleme dabei einfallen. Der Therapeut wird Ihnen anhand Ihrer selbst gemalten Bilder und Ihrer aus Ton geformten Figuren darüber hinaus durch seine Anregungen helfen, sich selbst in Ihren schöpferischen Gestaltungen besser zu verstehen.

Es gibt noch andere Psychotherapie-Formen, die sich nichtverbaler Ausdrucks- und Selbsterfahrungsmittel bedienen, teils neben der verbalen Therapie, wie das Psychodrama, die Gestalttherapie und die Primärtherapie, teils als ausschließlich averbal ablaufende Psychotherapie wie Rhythmik, Gymnastik, Tanz, Bewegungsspiele, Sensitivitäts- (= Fühl- und Empfindungs-)Training und Musiktherapie.

Zudeckende, stützende und konditionierende Psychotherapie-Formen

Es kann sein, daß die Art von Psychotherapie, an die Sie denken, oder die Ihnen von Ihrem Arzt empfohlen wurde, nicht mit dem übereinstimmt, was ich bisher beschrieben habe. Vielleicht wurde Ihnen das Autogene Training, Hypnose oder Verhaltenstherapie empfohlen. Diese Behandlungsarten fallen auch unter den Oberbegriff Psychotherapie. Für sie gilt jedoch nicht das Prinzip einer Heilung durch vertiefte Selbsterfahrung und „Aufdecken" von unbewußten seelischen Kräften und Inhalten, sondern sie orientieren sich in erster Linie an dem Prinzip des *Umlernens,* da neurotische Symptome auch als durch falsches Lernen entstanden gedacht werden. Diese Behandlungen bestehen aus bestimmten, dem jeweiligen Krankheitssymptom angemessenen Übungsabläufen. Sie sollen in der nun folgenden Beschreibung der grundsätzlichen Gegebenheiten und Erfordernisse psychotherapeutischer Verfahren im Anschluß an die auf vertiefter Selbsterfahrung beruhenden psychotherapeutischen Methoden ebenfalls zusammenfassend dargestellt und erläutert werden.

2. Die Praxis der psychotherapeutischen Behandlungsverfahren

Nach dem bisher Gelesenen haben Sie vielleicht schon eine gewisse Vorstellung von den besonderen Merkmalen der psychotherapeutischen Behandlungsmethode bekommen.

Aber Sie möchten wahrscheinlich vor allem wissen, wie sich eine solche Behandlung *praktisch abspielt*. Dies möchte ich im folgenden – gegliedert nach den unterschiedlichen psychotherapeutischen Verfahren – beschreiben. Diese Beschreibung wird sich auf die wichtigsten Begebenheiten beschränken, die der angehende Patient des Psychotherapeuten kennen sollte, um ein einigermaßen übersichtliches Bild von dem zu erhalten, was ihn in der Therapie erwartet, und wie er sich darauf einstellen kann. Detaillierte Erörterungen von Einzelfragen der Behandlung sind hingegen nicht erforderlich. Sie könnten sich sogar später in der Behandlung hinderlich auswirken, da Sie hierdurch verführt werden könnten, sich von Ihrem Verstand her auf die Therapie wie auf eine Prüfung vorbereiten zu wollen. Und dies könnte gerade der für die Therapie erforderlichen Spontaneität Abbruch tun. Ich habe aus diesem Grunde auch in dieser Schrift alle Literaturhinweise, Bezüge auf psychotherapeutische Schulrichtungen und Autoren bewußt weggelassen. Sie könnten dadurch eventuell dazu verleitet werden, die notwendige Behandlung durch ein Selbststudium der psychoanalytischen Literatur ersetzen zu wollen. Hierdurch würde gerade das Gegenteil meiner Absicht erreicht, Sie würden nämlich von dem Beginn der für Sie notwendigen Behandlung abgehalten werden. Sie würden zwar beim Literaturstudium vielleicht einige „Aha-Erlebnisse" im Hinblick auf gewisse Erlebniszusammenhänge in Ihrem Leben bekommen. Sie würden aber mit Sicherheit nicht diejenigen persönlichen Konflikte entdecken, deren Aufdeckung und Bewußtmachung zu Ihrer Gesundung notwendig sind. Die Erfahrung beweist, daß nur der Außenstehende durch seine Distanz und dadurch ungetrübte Wahrnehmungsfähigkeit, verbunden mit seinem fachlichen Können und Wissen, Ihre seelischen Tiefen-Probleme erkennen kann und Ihnen dabei helfen kann, sie für sich selbst ebenfalls zu erkennen. Denken Sie an die Redensart: „Man sieht eher den Splitter im Auge des anderen als den Balken im eigenen Auge." – Aus den eben genannten Gründen rate ich Ihnen auch, während der gesamten Dauer Ihrer Behandlung möglichst keine ausgesprochen psychotherapeutische Fachliteratur zu lesen.

*a) Das psychotherapeutische Standard-Verfahren
(analytische Einzel-Psychotherapie)*

Das Wesen der Methode

Wenn Ihr Arzt gesagt hat, Sie sollen sich zu einem Psychotherapeuten in Behandlung begeben, dann meint er in der Regel diese Standard-Therapie. Sie wird auch „analytische" oder „tiefenpsychologisch fundierte" Psychotherapie genannt, weil das Analysieren = Aufdecken und Aufgliedern unbewußter innerseelischer Konflikte das Hauptanliegen dieser Methode ist. Es soll Ihnen eine Erweiterung Ihres Bewußtseins über sich selbst vermitteln und dadurch Wandlungen Ihrer Persönlichkeit ermöglichen, die dann als Ziel der Therapie zu größerer Lebensfreude, zu besserer Genuß- und Arbeitsfähigkeit, zu einer Stärkung Ihres Ich und zu einer besseren Selbstverwirklichung und damit verbunden auch zu einer Erhöhung Ihrer Liebesfähigkeit führen. Ihre Krankheitserscheinungen, deretwegen Sie den Psychotherapeuten aufgesucht hatten, werden im Verlaufe dieses Geschehens allmählich als überflüssig gewordene Ersatzgebilde verschwinden.

Wie findet man einen fachkundigen Psychotherapeuten?

Leider ist mit der Empfehlung, einen Psychotherapeuten zu konsultieren, noch nicht alles getan. Hier fangen die ersten praktischen Probleme an. Wenn Ihr Arzt Ihnen eine persönliche Empfehlung oder wenigstens einige Adressen von Psychotherapeuten gegeben hat, sind Sie noch relativ gut dran. In den meisten Fällen sind Sie jedoch gezwungen, sich selbst nach einem Psychotherapeuten umzusehen.

Das Problem, einen Psychotherapeuten zu finden

Wo können Sie sich erkundigen? Eine Möglichkeit ist die, im örtlichen Branchen-Fernsprechbuch alle in Ihrer erreichbaren Nähe praktizierenden Ärzte mit dem Zusatztitel „Psychoanalyse" oder „Psychotherapie" herauszusuchen. Noch besser ist es, wenn Sie sich bei der für Ihren Wohnbezirk zuständigen „Kassenärztlichen Vereinigung" oder auch bei der für Sie zuständigen Zweigstelle Ihrer Krankenkasse die anerkannten Psychotherapeuten nennen lassen. Sie haben dann die Gewähr, daß Ihnen nur qualifizierte Psychotherapeuten genannt werden, und Sie erfahren außer den Adressen von *ärztlichen* Psychotherapeuten auch diejenigen von *nicht-ärztlichen* Psychotherapeuten. Diese verfügen über die gleiche intensive psychotherapeutische Zusatzausbildung wie die ärztlichen Psychotherapeuten. Meist sind es Diplompsychologen mit psychotherapeutischer Zusatzausbildung. Sie können sich mit der gleichen Gewißheit, einen hochqualifizierten Fachmann vor sich zu haben, seiner Behandlung anvertrauen wie dem ärztlichen Psychotherapeuten. Die von ihm durchgeführte Behandlung wird auch in gleicher Weise von Ihrer Krankenkasse bezahlt wie die bei einem ärztlichen Therapeuten.

Unvermeidliche Wartezeiten

Wenn Sie jetzt eine oder einige Adressen haben, beginnt der vielleicht schwierigste Teil Ihrer Unternehmung, nämlich eine Zusage von einem Therapeuten zu erhalten. Lassen Sie sich nicht dadurch entmutigen, daß fünf Therapeuten Ihnen am Telefon sagen, daß sie gar keine neuen Patienten nehmen können, drei Ihnen eine Wartezeit von über einem Jahr nennen, und die übrigen Ihnen frühestens in einem Viertel- oder halben Jahr einen Termin in Aussicht stellen. Es ist verständlich, wenn sich Ihre anfängliche Hoffnung dabei allmählich in Enttäuschung und schließlich sogar in Ärger oder Wut verwandelt. Bedenken Sie aber, daß ein Therapeut, da er für jeden einzelnen Patienten zwei bis vier Stunden in der Woche braucht, nur wenige Patienten insgesamt behandeln kann, und daß die gesamte Behandlungskapazität aller Therapeuten noch lange nicht dem Bedarf an Behandlungsplätzen entspricht. Zwar hat sich die Behandlungskapazität durch die Einführung der Gruppen-Psychotherapie und durch ein allmähliches Ansteigen der Anzahl qualifizierter Psychotherapeuten in den letzten Jahren deutlich erhöht. Es wird aber mindestens für die nächsten fünf bis zehn Jahre noch mit erheblichen Wartezeiten bis zum Beginn einer Behandlung zu rechnen sein. – Denken Sie daran, daß der einzelne Psychotherapeut nichts dafür kann, wenn er Sie so lange warten lassen muß, und vergegenwärtigen Sie sich bitte, wieviel davon abhängt, daß Sie diese Behandlung machen. Rufen Sie auch den Therapeuten, der Ihnen vielleicht in sechs Monaten einen Platz angeboten hat, alle vier Wochen einmal an. Vielleicht stellt sich dabei heraus, daß Sie doch früher als vorgesehen mit Ihrer Behandlung beginnen können.

Der erste Kontakt mit Ihrem Therapeuten (Interview, Erhebung der tiefenpsychologisch-biographischen Vorgeschichte, psychologische Tests)

Sie haben jetzt einen Termin für ein erstes Gespräch mit Ihrem Psychotherapeuten. Sie werden sich dabei gegenübersitzen. In dem jetzt folgenden ersten Gespräch werden Sie Ihre Probleme erzählen. Sie können dies in ganz freier Form tun und brauchen nicht an eine bestimmte Reihenfolge zu denken. Lassen Sie Ihre Gedanken spontan kommen und sprechen Sie sie frei aus. Es ist gleichgültig, ob Sie mit einem Sie gerade bedrükkenden Ehe- oder Berufskonflikt anfangen, ob Sie mit der Schilderung Ihrer Beschwerden beginnen, oder ob Sie zuerst erzählen, wie Sie bisher behandelt wurden, und weshalb Ihr Arzt Sie zum Psychotherapeuten überwiesen hat. Ihr Gesprächspartner wird – besonders im ersten Teil des Gespräches – nur wenig sagen. Gelegentlich wird er einzelne Gegenfragen zum besseren Verständnis des von Ihnen Gesagten stellen, oder er wird Sie durch eine Bemerkung anregen, einen bestimmten von Ihnen gebrachten Gedanken oder Zusammenhang weiter zu verfolgen. Gegen Ende des Gespräches wird er wahrscheinlich noch einige spezielle Fragen zu Ihrer jetzigen und früheren Lebenssituation stellen, damit er sich eine umfassende Vorstellung von Ihrer bisherigen Lebensentwicklung machen kann.

Erster Kontakt mit dem Psychotherapeuten

Ihr Psychotherapeut möchte in diesem ersten Gesprächskontakt mit Ihnen zwei für Ihre künftige Behandlung wichtige

Punkte klären: Erstens versucht er, aus Ihren spontanen Mitteilungen und Ihren Reaktionen auf die von ihm gestellten Fragen sowie auch aus Ihren unwillkürlichen und gestischen Äußerungen einen Eindruck von Ihrem gegenwärtigen seelischen Zustand zu erhalten. Zweitens möchte er einen Überblick über Ihre Lebens-Vorgeschichte (= biographische Anamnese) gewinnen. Er wird dadurch in die Lage versetzt, die bei Ihnen vorliegenden wichtigsten ungeklärten seelischen Probleme und Konflikte zu erkennen, häufig auch gerade solche Konflikte, die Ihnen zu diesem Zeitpunkt selbst noch nicht bewußt sind. Er kann jetzt eine *psychologische Diagnose* stellen. In der Regel dauert ein solches Erstgespräch ein bis zwei Stunden. Gelegentlich verabredet der Therapeut noch ein weiteres Gespräch mit Ihnen, um die Vorgeschichte zu vervollständigen.

Der „Behandlungspakt" zwischen Patient und Therapeut

Nach der Beendigung des über eine oder mehrere Sitzungen verlaufenden anamnestisch-diagnostischen Gespräches wird Ihnen Ihr Therapeut sagen, ob er Ihre Behandlung endgültig übernehmen wird, und wie er die Erfolgschancen ansieht. Er wird Ihnen daran anschließend die „Spielregeln" der Behandlung erklären und, wenn Sie sich mit diesen Regeln einverstanden erklären, einen „*Behandlungspakt*" mit Ihnen abschließen, einen mündlichen Vertrag über die Art und Weise Ihrer künftigen Zusammenarbeit. Hierzu gehören die im folgenden noch näher zu erläuternden Regeln des Verhaltens während der Behandlungsstunden (die sog. „Grundregel"), ferner die Vereinbarungen über die Häufigkeit und die Termine der Behandlungssitzungen und über die Absage von Sitzungen, wenn Sie aus unvorhergesehenen wichtigen Gründen nicht kommen können, und die Regelungen über die Bezahlung der Behandlungsstunden.

Selbstverständlich haben Sie selbst, ebenso wie der Therapeut, die Möglichkeit, ohne nachteilige rechtliche oder finanzielle Folgen, in diesem Augenblick von dem Behandlungs-Vertrag noch zurückzutreten. Es könnte zum Beispiel sein, daß Ihnen der Therapeut zu unsympathisch ist, daß Sie gar kein Vertrauen zu ihm fassen können, oder daß Sie eine zu große Angst bei dem Gedanken an die bevorstehende Behandlung befällt. Wenn Sie sich nicht gleich entscheiden können, so erbitten Sie sich eine Bedenkzeit und teilen ihm dann Ihre Entscheidung mit.

Einige Psychotherapeuten begnügen sich zur Feststellung der psychologischen Diagnose nicht mit der Erhebung einer psychologischen Vorgeschichte, sondern wenden noch einen oder mehrere *psychologische Tests* an. In diesem Fall müssen Sie entweder einen Fragebogen ausfüllen oder eine Reihe von Fragen ankreuzen, oder es werden Ihnen Bilder vorgelegt, die Sie dann beschreiben und zu denen Sie sich etwas einfallen lassen sollen. Entweder gibt Ihnen der Therapeut selbst die Anweisungen zu den einzelnen Tests, oder er überweist Sie zu diesem Zweck an einen Psychologen, der solche Tests durchführt. Das Ergebnis der ausgewerteten Tests gibt Ihrem Therapeuten neben der geschilderten Erhebung Ihrer Lebens-Vorgeschichte eine zusätzliche Möglichkeit, Ihren Charakter, Ihr Verhalten und Ihre inneren seelischen Konflikte zu verstehen und eine richtige psychologische Diagnose zu stellen.

Wie verläuft eine psychotherapeutische Behandlungsstunde?

Eine Antwort auf diese Frage, nämlich die nach der Dauer, ist in der Überschrift dieses Abschnittes schon enthalten. Die „Stunde" beträgt in der Regel allerdings nicht ganz eine echte Stunde, sondern nur fünfzig Minuten. Damit Ihr Therapeut nach Ihrer Behandlung ein paar Minuten Zeit hat, sich auf seinen folgenden Patienten umzustellen, den er zur nächsten vollen oder halben Stunde bestellt hat. Falls Sie zu denjenigen Ausnahmemenschen gehören, die immer nur sehr langsam „anlaufen", d.h. sich ihren innerpsychischen Vorgängen zuwenden können, wird Ihr Therapeut Ihnen vielleicht vorschlagen, Sitzungen von neunzig oder hundert Minuten Dauer zu

Dauer der psychotherapeutischen Sitzungen

machen. Auf den Zeitpunkt der Beendigung der Stunde wird er Sie rechtzeitig aufmerksam machen.

Frequenz

Die Dichte der Stunden, also der Zeitraum zwischen den einzelnen Sitzungen, wird unterschiedlich gehandhabt, da bei der Regelung dieser Frage verschiedene Faktoren hineinspielen. Die Dichte beträgt zwischen ein und fünf Stunden in der Woche, am häufigsten zwei oder drei. Sie kann auch während des gesamten Behandlungsverlaufes Ihrer unterschiedlichen seelischen Verfassung entsprechend verändert werden. Zum Beispiel kann mit zwei Stunden pro Woche begonnen werden, kann zu einem späteren Zeitpunkt wegen intensiver seelischer Prozesse, die in der Behandlung in Gang gekommen sind, auf drei oder vier Stunden pro Woche übergegangen werden, und können gegen Ende der Therapie die Intervalle zwischen den Stunden auf eine oder zwei Wochen ausgedehnt werden.

Grundregel: Den spontanen Einfällen freien Lauf lassen!

Viele Therapeuten raten ihren Patienten, sich während der Therapiestunden auf seine Couch zu *legen*. Falls Ihr Therapeut Ihnen das Liegen empfiehlt, so sitzt er selbst hinter dem Kopfende der Couch auf seinem Sessel, so daß Sie ihn zwar hören, aber nicht sehen können. Im Liegen können Sie sich besser als im Sitzen entspannen, werden weniger abgelenkt als im Gegenübersitzen und können sich dadurch auch besser den in Ihnen aufsteigenden Gefühlen und Vorstellungen zuwenden. Die Therapieanweisung – die sogenannte *Grundregel* – lautet nun, daß Sie alles, was Sie an Gefühlen, Stimmungen, Emotionen, Affekten, Vorstellungen, Bildern, Phantasien, Wünschen, Ängsten, Befürchtungen, Sinneseindrücken, körperlichen Empfindungen und Gedanken in sich selbst wahrnehmen, versuchen sollen auszusprechen. Sie sollen dies so spontan wie möglich tun. Und Sie sollen es unabhängig davon tun, ob Ihnen Ihr gerade aufsteigender spontaner Einfall wichtig oder unwichtig, zur Sache oder nicht dazugehörig, und ob er Ihnen peinlich bzw. anstößig oder wertneutral erscheint. Sie brauchen und sollen also nicht nachdenken, ein bestimmtes gedankliches Ziel bewußt verfolgen oder gar nach einem schon vorher von Ihnen vorbereiteten Programm Punkt für Punkt vortragen. Das Ziel der Behandlung ist ja, daß Sie einen Zugang zu den bisher unerschlossenen Anteilen Ihres Selbst bekommen. Und dieses Ziel kann am besten dadurch erreicht werden, daß Sie sich, möglichst entspannt, Ihrem eigenen Inneren zuwenden und alles um sich herum möglichst vergessen bzw. nicht beachten. Am besten erreichen Sie diesen Zustand, wenn Sie an diejenige Art des ungerichteten Fließenlassens innerer seelischer Abläufe denken, die man „Dösen" nennt.

Auch dann, wenn Ihr Therapeut Ihnen nicht das Liegen empfiehlt, sondern Ihnen rät, sich ihm gegenüber hinzusetzen, gilt die beschriebene Grundregel mit der Anweisung des aufmerksamen Verfolgens Ihrer innerseelischen Vorgänge und des Aussprechens derselben. Man nennt diese Art der psychotherapeutischen Behandlungstechnik auch „freies Assoziieren" oder die Methode der „freien Einfälle".

Der Therapeut versucht, sich während der Behandlungsstunden mit seiner Wahrnehmung, seinem Gefühl und seinen Gedanken ganz auf Sie einzustellen. Wenn er dann gelegentlich etwas zu Ihnen sagt, so handelt es sich dabei meist um Anregungen, die den Strom Ihrer freien Einfälle fördern sollen, die Sie ermutigen sollen, sich weiter Ihren Gefühlen und anderen seelischen Regungen hinzugeben und sie auszusprechen. Wenn Sie dagegen von ihm erwarten, daß er Ihnen rät, was Sie in dieser oder jener Situation tun sollen, oder ob dieses oder jenes, was Sie berichtet haben, „richtig" oder „falsch" war, dann wird er Sie enttäuschen müssen. Auch werden Sie sich „frustriert fühlen", wenn er auf Ihre Fragen nach seiner persönlichen Ansicht zu einer Sache oder nach seinem persönlichen Leben keine Antwort gibt. Versuchen Sie zu verstehen, daß er Ihnen nicht aus „Gemeinheit" eine Antwort auf derartige Fragen vorenthält, sondern weil er Ihnen helfen möchte, zu sich selbst zu finden. Das heißt auch, daß Sie selbst entscheidungs- und urteilsfähiger werden sollen. Ein derartiger Entwicklungsprozeß würde aber gar nicht in Gang kommen können, wenn der Therapeut Ihr „Lehrer" wäre, nach dessen Urteilen, Meinungen und Anweisungen Sie zu denken und zu handeln hätten. Sie kämen dann gar nicht dazu, Ihre eigenen Meinungen und Ihr Verhalten überhaupt richtig wahrzunehmen und anschließend Ihrer Kritik zu unterziehen.

Deutungen und Erschließung des Unbewußten

Außer anregenden Bemerkungen wird der Therapeut Ihnen auch gelegentlich Vermutungen mitteilen, die ihm im Hinblick der von Ihnen gerade mitgeteilten Einfälle und deren Zusammenhang mit bestimmten Merkmalen Ihres Verhaltens oder mit bestimmten Einwirkungen gekommen sind, denen Sie früher in Ihrem Leben, eventuell schon in der Kindheit, ausgesetzt waren. Vielleicht haben Sie davon gehört oder gelesen, daß man solche Vermutungen auch „Deutungen" nennt.

Sie sollten aber nicht davon ausgehen, daß solche Deutungen absolute Gewißheiten wären, denen Sie sich wie einem Orakel oder einem magischen Zauberspruch bedingungslos unterwerfen müßten. Ihr Psychotherapeut hat zwar ein großes Wissen über seelische Vorgänge und Zusammenhänge, und er kann hiermit sowie in Verbindung mit seinem geschulten Einfühlungs- und Wahrnehmungsvermögen einige Ihrer eigenen Probleme *etwas früher* erkennen als Sie selbst. Er kann sich dabei aber auch gelegentlich irren, oder es kann so sein, daß Sie seine Deutung *noch* nicht akzeptieren können, weil Sie innerlich noch nicht dazu bereit sind. In beiden Fällen können Sie seine deutende Vermutung ohne weiteres zurückweisen, ohne befürchten zu müssen, daß er Ihnen dies übelnimmt. Wenn hingegen seine Deutung richtig war und von Ihnen auch akzeptiert werden konnte, dann werden Sie ein ganz spontanes Erleben in Ihrem Bewußtsein haben, etwa der Art: „Jawohl, so ist es, das ist doch ganz klar, daß ich darauf nicht schon selbst früher gekommen bin!" Meistens ist eine solche Reaktion mit einem angenehmen Gefühl der Befreiung verbunden und macht den Weg zu weiteren Einfällen frei, die dann die Erschließung neuer, bisher unerkannter Bereiche Ihres Inneren ermöglichen.

Wahrscheinlich ist Ihnen bekannt, daß in psycho- *Träume sind*
therapeutischen Behandlungen auch *Träume* eine Rolle spie- *hilfreich in der*
len. Es hat sich nämlich herausgestellt, daß viele innerseeli- *Psychotherapie*
sche Konflikte in Träumen bildhaft dargestellt werden. Im
Traum treten zahlreiche Wünsche, Ängste und Befürchtungen
in Erscheinung, die Ihnen im Tagesbewußtsein nicht gewahr
wurden. Wenn Sie Ihre Träume dem Therapeuten erzählen
und in gleicher Weise wie auch sonst in der Behandlung freie
Einfälle zu den mitgeteilten Träumen bringen, dann wird es
Ihnen oft – zusammen mit dem Therapeuten und seinen anregenden und deutenden Bemerkungen – gelingen, Ihre zunächst oft unverständlich oder sinnlos erscheinenden Träume
als Ausdrucksmittel verborgener Anteile Ihrer eigenen Persönlichkeit zu erkennen. Ihre Träume können Ihnen damit bei der
Befreiung von Ihren seelischen Hemmungen und bei Ihrer
Selbstverwirklichung und dadurch bei der Heilung Ihrer
Krankheit helfen.

Welche Reaktionen können während der psycho-
therapeutischen Behandlung beim Patienten auftreten?

Jede Psychotherapie verläuft anders, da kein Mensch – sowohl
Patient als auch Therapeut – dem anderen absolut gleich ist.
Jede Beziehung, die zwischen dem Patienten und seinem Therapeuten allmählich zustande kommt, ist deshalb auch einma-
lig und unverwechselbar. Aus diesem Grund können auch bei
Beginn einer Behandlung niemals spezielle Voraussagen über
bestimmte Reaktionen des Patienten im Verlaufe seiner Therapie auf diese gemacht werden. Hingegen ist es möglich und erscheint es mir auch angebracht, Sie auf einige allgemeine
Auswirkungen der Behandlung auf Ihr Befinden aufmerksam
zu machen, die erfahrungsgemäß häufig auftreten. Ich halte
eine solche Information deshalb für erforderlich, damit Sie solche Reaktionen, falls sie auftreten, richtig als häufig vorkom-
mende normale Begleiterscheinungen einschätzen können,
damit Sie nicht durch fehlende oder falsche Informationen un-

nötigerweise in Verwirrung oder Angst geraten. Auch der mit körperlichen Methoden arbeitende Arzt ist ja verpflichtet, seinen Patienten auf mögliche Neben- oder Begleiterscheinungen der von ihm angewandten Medikamente, Bestrahlungen usw. hinzuweisen.

Innerseelische Vorgänge am Therapie-Beginn

Die häufigste Veränderung nach Beginn der Psychotherapie ist eine allgemeine *Intensivierung aller innerseelischen Vorgänge.* Sie werden wahrscheinlich bemerken, daß nach einigen Behandlungsstunden eine gesteigerte Erregung in Ihnen vorhanden sein wird. Sie werden auch außerhalb der Behandlungsstunden häufiger als bisher über sich nachdenken und mehr von dem wahrnehmen, was sich in Ihnen selbst und um Sie herum abspielt. Sie werden etwas „wacher" und sensibler, manchmal in Verbindung damit auch etwas empfindlicher und gereizter sein.

Gelegentlich kommt es in diesem Stadium, einige Stunden nach Beginn der Behandlung, auch zu einer vorübergehenden Verschlimmerung Ihrer Krankheitssymptome. Diese Reaktion ist darauf zurückzuführen, daß ein innerseelischer Entwicklungs- und Wandlungsprozeß in Gang gekommen ist, daß die bis dahin ruhenden seelischen Kräfte wach und aktiv geworden sind, daß sich diese Energien aber vorerst noch innerhalb der seelischen oder körperlichen Funktionsstörungen entladen müssen, da der Weg zu gesunden, d.h. nach außen gerichteten Aktivitäten in diesem Stadium noch nicht geebnet ist. Diese Vorgänge einer Intensitätszunahme aller seelischen Vorgänge und einer gelegentlich damit verbundenen Symptomverstärkung können geradezu als *Merkmal dafür* angesehen werden, *daß die Behandlung „anschlägt"*, d.h. daß Ihr „Inneres" bei der Behandlung „mitmacht". Sie können sich deshalb zum Trost gegenüber den Unannehmlichkeiten einer solchen Reaktion mit gutem Grund sagen, daß Sie jetzt auch berechtigte Aussicht haben, sich auf ein weiteres „Mitmachen" Ihres Inneren verlassen zu können, und daß die Behandlung zu Ihrer Gesundung führen wird. – Die Kenntnis derartiger vorübergehender Symptom-Verstärkungen in bestimmten Stadien der Therapie kann Ihnen auch dabei helfen, sich erfolgreich mit den Zweifeln und Widerständen auseinanderzusetzen, die verständlicherweise in solchen Situationen auftreten können.

Eine weitere, häufig bald nach Beginn der Behandlung einsetzende Begleiterscheinung ist das Gewahrwerden einer *Gefühlsbeziehung zu Ihrem Therapeuten*. Diese Beziehung kann sich im Verlaufe der Therapie noch verstärken. Und Sie werden wahrscheinlich bald die Erfahrung machen, daß die Eigenart und Intensität Ihrer Gefühle zu Ihrem Therapeuten sich öfter verändern werden. Diese Gefühlsbindung kann unterschiedliche Folgen in Ihrem Erleben haben. Einerseits können Sie ein erhöhtes Maß an Schutz, Geborgenheit, Sicherheit, Nähe, Angenommensein und Vertrauen erleben, andererseits können Sie aber auch Enttäuschung darüber erleben, daß Ihr Therapeut Ihnen nicht das gleiche Gefühl entgegenzubringen scheint wie Sie ihm. Auch kann sich ein Gefühl des Unterlegenseins, der Machtlosigkeit, der Freiheitseinschränkung, der ungewollten Verkindlichung oder gar des Ausgenutztwerdens einstellen. Im Verlaufe der weiteren Therapie werden Sie aber zunehmend deutlicher erfahren, daß sich in Ihren wechselnden Gefühlseinstellungen zu Ihrem Therapeuten die für Sie selbst typischen Gefühlseinstellungen – und zwar sowohl positive als auch negative – wiederholen, die Sie von jeher unwillkürlich gezeigt haben. Ihre Gefühlseinstellungen zum Therapeuten werden dadurch zu einem wertvollen Hilfsmittel für Ihre Gesundung. Denn durch die verstehende therapeutische Erhellung durch Sie selbst und Ihren Therapeuten können Sie sich selbst immer besser kennenlernen und verstehen, aus welchen in Ihrem Lebensverlauf auf Sie einwirkenden Gründen Sie so geworden sind, wie Sie gerade jetzt sind, und warum andere Seiten Ihres wirklichen Wesens sich nicht entwickeln konnten. Gerade hierdurch kann der Weg zu einer nachträglichen Selbstentfaltung und damit zu Ihrer Gesundung frei werden.

Gefühlsbeziehungen zwischen Patient und Psychotherapeut

Die Behandlung bei einem Psychotherapeuten ist also mit einer *stärkeren persönlichen Abhängigkeit* verbunden als Behandlungen beim Allgemeinarzt oder bei einem Facharzt wegen organisch verursachter Erkrankungen. Dieser Umstand bringt es auch mit sich, daß die Psychotherapie – von seltenen Ausnahmen abgesehen – bei ein und demselben Psychotherapeuten durchgeführt wird.

Diese verstärkte Abhängigkeit ist aber nur eine vorübergehende Begleiterscheinung eines für Ihre seelische Gesundung notwendigen Prozesses Ihrer seelischen Entwicklung und teilweisen Veränderung. Diese psychische Ausnahmeverfassung während der psychotherapeutischen Behandlung, die mit erhöhter Selbstbeobachtung, Sensibilität, Labilität und geistiger Wachheit sowie mit verstärkter Abhängigkeit vom Therapeuten verbunden ist, ermöglicht gleichzeitig die Mobilisierung und Aktivierung Ihrer eigenen positiven Kräfte, mittels derer Ihre Gesundung nur erfolgen kann.

Sie können darauf vertrauen, daß gleichzeitig mit der allmählichen Entfaltung Ihrer positiven und gesunden Persönlichkeitskräfte im fortgeschrittenen Stadium der Psychotherapie eine *zunehmende Verselbständigung* eintreten und die *Abhängigkeit vom Psychotherapeuten* dabei *zurückgehen* wird. Sie können ebenfalls darauf vertrauen, daß Ihr Therapeut die Gefahren kennt, die mit der Verewigung einer therapeutischen Abhängigkeitsbeziehung verbunden sind. Er wird Ihnen deshalb dabei helfen, daß Sie diese Abhängigkeit abbauen und aufgeben können, sobald der Zeitpunkt dafür in der Behandlung gekommen ist.

Wie reagiert die Umgebung auf den in der psychotherapeutischen Behandlung stehenden (und sich darin verändernden) Patienten?

Psychotherapie und Reaktion der Umgebung

Psychotherapie ist zwar nur eine von zahlreichen Heilmethoden für kranke Menschen. Sie werden aber bald nach dem Beginn Ihrer Therapie bemerken, daß diese Behandlungsart nicht so selbstverständlich von Ihren Angehörigen und Bekannten hingenommen wird, wie die üblichen ärztlichen Methoden. Ihr Bruder oder Ihre Schwiegermutter werden vielleicht sagen, daß eine solche Behandlung Unsinn sei und Sie lieber Medikamente nehmen sollten oder versuchen, durch Willensanstrengung mit Ihren Symptomen fertig zu werden. Ihre Freundin wird vielleicht ihr Erstaunen darüber äußern, daß Sie bei einem Seelenarzt sind, wo Sie doch an Kopfschmerzen leiden, was doch nichts mit der Seele zu tun haben könne. Sie geraten dadurch in die Situation, daß Sie unter Umständen Ihre zu Ihrer Gesundung begonnene Psychotherapie *gegen den Widerstand Ihnen nahestehender Menschen verteidigen müssen!* Es kann jedoch hinzugefügt werden, daß die Anzahl der Unverständigen, Unwissenden und Ablehnenden gegenüber der Psychotherapie allmählich abnimmt, und daß es immer mehr Menschen gibt, welche diese Behandlungsmethode als das ansehen, was sie wirklich ist, nämlich eine bei bestimmten seelisch verursachten Erkrankungen angezeigte und wirksame Heilbehandlung. Es kann Ihnen heute sogar passieren, daß Freunde Sie darum beneiden, daß Sie in Psychotherapie sind und dort Gelegenheit haben, sich auszusprechen und sich über sich selbst klarer zu werden.

Noch schwerer zu bewältigen als die Auseinandersetzung mit den aus allgemeinen Vorurteilen oder Fehlinformationen herrührenden Ablehnungsreaktionen zu Beginn Ihrer Behandlung können diejenigen Konflikte werden, die sich dann einstellen, wenn *Sie selbst sich* in der Behandlung in Ihrem Verhalten *zu verändern beginnen*. Das „Familiengleichgewicht", das darin besteht, daß jeder in der Familie eine bestimmte „Rolle" spielt und jeder vom anderen erwartet, daß er diese Rolle auch ständig weiterspielt, wird nunmehr bedroht und gestört. Sie verändern sich zum Beispiel in der Weise, daß Sie zu Hause mehr von Ihren Gefühlen, Emotionen und Affekten äußern als früher. Dadurch werden Sie für Ihre Umgebung vielleicht unbequemer. Wahrscheinlich werden Ihre Angehörigen nicht erbaut darüber sein und Sie vielleicht unter Druck setzen, wieder so zu werden wie früher, d. h. vor der Therapie. Auch wird man vielleicht versuchen, Mißtrauen gegenüber Ihrem Therapeuten zu säen.

Derartige mögliche Reaktionen Ihrer Umgebung brauchen Sie aber nicht allzu sehr zu befürchten. Denn in diesem Stadium der Psychotherapie, in welchem Sie sich zu ändern beginnen, sind Ihre einer gesunden Selbstentfaltung entgegendrängenden Seelenkräfte bereits so stark mobilisiert, daß sie stärker sind als die auf Erhaltung des Familiengleichgewichtes hinzielenden Kräfte Ihrer Angehörigen. Vergessen Sie dabei auch nicht, daß Sie in diesem Kampf um Ihre Entfaltung, Selbstbehauptung und Gesundung auch noch Ihren Therapeuten zum Verbündeten haben.

Sie können darauf vertrauen, daß diese Widerstände seitens Ihrer Umgebung nur vorübergehend sind. Ihre Angehörigen und Berufskollegen werden bald bemerken, daß die mit Ihnen unter der Therapie vor sich gehende Veränderung auch positive Seiten hat und werden, hiervon beeindruckt, allmählich zu Ihrem Bundesgenossen werden. Es kann dann vorkommen, daß sie sich Ihrem veränderten Verhalten anzupassen beginnen und sich auf diese Weise in der Familie ein neues Gruppengleichgewicht herstellt. Diese das Familien- oder Partnerschaftsgefüge verändernde Kraft der aus Ihnen in der Behandlung hervorgehenden Wandlung kann sich sogar – wie zahlreiche Fälle erwiesen haben – „therapeutisch" auf einzelne Angehörige auswirken. Es kann zum Beispiel sein, daß Ihr Junge auf einmal nicht mehr nachts ins Bett macht oder nicht mehr stottert, oder daß Ihr Mann auf einmal keine Störungen mehr beim Geschlechtsverkehr hat. Sobald diese Situation eingetreten ist, steht Ihre weitere Psychotherapie unter noch besseren Vorzeichen als zu Beginn. Denn jetzt ist auch Ihre Familie oder Ihr Partner (Ihre Partnerin) aus eigenen Gründen daran interessiert, daß Ihre Entwicklung unter der Behandlung gut weiterläuft. Denn sie erhoffen sich jetzt auch für sich selbst indirekt durch Ihre Veränderungen zustande kommende weitere eigene Veränderungs-Chancen.

Die Schweigepflicht des Psychotherapeuten

Der Psychotherapeut ist besonders streng an die für alle heilberuflich Tätigen gültige Schweigepflicht gebunden. Ohne Ihr Wissen oder Ihre Zustimmung darf er keiner Person oder Institution irgendwelche Einzelheiten mitteilen, die er von Ihnen in der Behandlung erfahren hat. Ihr Therapeut weiß und fühlt sich daran gebunden, daß nur die strikte Einhaltung dieser Schweigepflicht das für die Psychotherapie notwendige Vertrauensverhältnis zwischen ihm und Ihnen sicherstellen kann. Die Schweigepflicht gilt nicht nur gegenüber Ihrer Dienststelle, Ihrem Arbeitgeber oder Ihrem Personalbüro, sondern auch gegenüber dem Kostenträger Ihrer Behandlung (Krankenkasse, Heilverfahrensträger wie BfA oder LVA, Beihilfestelle, Bundeswehr, Kirchenbehörde, Sozialamt usw.). Im Falle der Kostenträger gilt höchstens dann eine Einschränkung der Schweigepflicht des Psychotherapeuten, wenn Sie die betreffende Institution bei Abschluß Ihres Versicherungsvertrages im voraus bevollmächtigt haben, gegebenenfalls von den Sie behandelnden Ärzten Auskünfte über Sie einzuholen. Aber auch in diesen Fällen wird Ihr Psychotherapeut in seiner Auskunft an die betreffende Stelle nur allgemeine medizinisch-psychologische Angaben machen, die dem Kostenträger ein Bild von der Diagnose, dem Behandlungsverlauf und den Behandlungsaussichten vermitteln können. Spezielle Angaben über persönliche, insbesondere intime und Sie belastende Einzelheiten aus Ihrem Leben wird Ihr Therapeut auch in solchen Auskünften nicht machen.

Verpflichtung des Psychotherapeuten zur Verschwiegenheit

Die Schweigepflicht gilt aber *auch gegenüber Ihren nächsten Angehörigen*. Sofern Sie volljährig sind, haben weder Ihre Eltern, Großeltern, Geschwister, Tanten und Onkel noch Ihr Ehemann oder Ihre Ehefrau das Recht, irgend etwas von Ihrem Therapeuten über Ihre Behandlung zu erfahren, sofern Sie es nicht wünschen. Dieser Hinweis auf die Rechtslage ist notwendig, weil viele Eltern oder Ehepartner – oft sehr energisch – die Meinung vertreten, daß der Therapeut ihnen gegenüber zu

Auskünften über ihren in Psychotherapie befindlichen Sohn (Tochter) oder Ehemann (Ehefrau) verpflichtet sei. Sie können beruhigt sein, daß Ihr Therapeut in dieser Situation Ihr und auch sein Recht wahren wird.

Anders ist die Situation selbstverständlich, wenn Sie selbst im Interesse Ihrer Behandlung es wünschen, daß Ihr Ehepartner(in) oder Ihre Mutter (Vater) mit Ihrem Therapeuten über Sie ein Gespräch führen. Falls Ihr Therapeut auch aus seiner Sicht dies für förderlich hält, wird er Ihnen in den meisten Fällen vorschlagen, daß ein solches Kontaktgespräch mit Ihren Angehörigen in Ihrer Gegenwart stattfindet. Sie können dann nicht das Gefühl bekommen, daß „hinter Ihrem Rücken" etwas zwischen Ihrem Therapeuten und Ihren Angehörigen besprochen wird, wovon Sie nichts wissen oder hinterher eventuell nur unvollständig informiert werden. Den nicht selten von Angehörigen geäußerten Wunsch, mit dem Therapeuten Kontakt aufzunehmen, um diesem wichtige Informationen über den Patienten zu geben, dem Patienten aber nichts davon zu sagen, „damit er sich nicht aufregt", wird Ihr Therapeut in jedem Fall zurückweisen.

Die Dauer der Behandlung

Grundlegende Heilungen erfordern lange Behandlungsdauer

Eine gründliche psychotherapeutische Behandlung mit dem Ziel nicht nur einer Symptomheilung, sondern darüber hinaus einer Gesundung der Persönlichkeit benötigt im Durchschnitt 150 bis 250 Behandlungsstunden. Wenn man von zwei bis drei Wochenstunden ausgeht, beträgt der gesamte Behandlungszeitraum ein bis drei Jahre. In wenigen, besonders günstig gelagerten Fällen kann man mit 80 bis 100 Stunden auskommen, während in besonders schwierigen Fällen erst 350 bis 500 Stunden zum Erfolg führen. Ihr Therapeut wird Ihnen nach dem Erstgespräch oder nachdem einige Behandlungsstunden stattgefunden haben, sagen, mit welcher Stundenzahl und welchem Behandlungszeitraum Sie ungefähr rechnen müssen. Diese Information ist für Ihre Lebensplanung in den nächsten ein bis drei Jahren wichtig. Dann ist es zweckmäßig, wenn auch nicht absolut unerläßlich, wenn Sie über die gesamte Dauer der Therapie beim selben Therapeuten bleiben. Das bedeutet, daß Sie in der voraussichtlichen Behandlungszeit alle Planungen zurückstellen sollten, die mit einer Ortsveränderung verbunden sind.

Wahrscheinlich erstaunt oder erschreckt Sie sogar die angegebene Zahl von durchschnittlich 150–250 Behandlungsstunden oder ein bis drei Jahren Behandlungsdauer, und daß diese Behandlungsart als „normal" bezeichnet wird. Vielleicht können Sie aber verstehen, besonders wenn Sie die vorangegangenen Ausführungen aufmerksam gelesen haben, daß es in dieser Psychotherapie um eine teilweise Veränderung Ihrer Grundpersönlichkeit geht. Sie sollen (und wollen) insgesamt seelisch gesünder und erlebnisfähiger werden. Wenn Sie sich vergegenwärtigen, daß Sie seit 20, 30, 40 oder sogar 50 Jahren so sind, wie Sie jetzt sind, dann wird Ihnen sicher einleuchten, daß eine deutliche Wandlung in Ihrem Wesen nicht kurzfristig herbeigeführt werden kann, sondern daß es dazu eines längeren Zeitraumes bedarf. Sie können sich auch vor Augen führen, daß Sie schon jahrelang vergeblich mit anderen Methoden behandelt worden sind und dies ein Hinweis dafür sein kann, daß Sie einer tiefergehenden, andersartigen und damit auch zeitaufwendigeren Behandlungsart bedürfen.

b) Kurz-Psychotherapie

Das über das psychotherapeutische Standard-Verfahren (= analytische Einzelpsychotherapie) Gesagte gilt jedoch nicht für alle von Psychotherapeuten durchgeführten Behandlungen. Vielleicht kommt Ihr Therapeut nach dem ersten Gespräch mit Ihnen zu dem Ergebnis, daß eine Kurzform der vorher ausführlicher dargestellten Behandlungsart ausreichend für Sie ist. Solche Kurz-Psychotherapien versuchen ebenfalls auf dem Wege einer Bewußtseinserweiterung und vertieften Selbsterkenntnis die seelisch bedingten Krankheitssymptome zu besei-

Kurz-psychotherapie

tigen. Sie unterscheiden sich im wesentlichen durch folgende Besonderheiten von der Langzeitbehandlung: Die Gesamtzahl der Sitzungen beträgt nur zehn bis 40, die Abstände zwischen den Sitzungen sind größer – zwischen ein und vier Wochen –, die Behandlung findet immer im Sitzen statt, und die therapeutischen Gespräche beziehen sich vorwiegend auf ein oder einige wichtige gegenwärtige Probleme Ihres Lebens, während die Analyse und Bewußtmachung Ihrer Kindheits- und Jugendkonflikte gar nicht zur Sprache kommt oder nur eine untergeordnete Rolle spielt. Trotzdem geht diese Behandlung genauso „in die Tiefe" Ihres Seelenlebens und Verhaltens wie die analytische Standard-Behandlung, da Ihnen der Therapeut in gleicher Weise durch Anregungen und Deutungen bei der Bewußtmachung der Hintergründe Ihrer Probleme und Verhaltensschwierigkeiten hilft.

Daß man diese weniger aufwendige Behandlungsart nur bei einer Minderzahl von Patienten anwenden kann, hängt damit zusammen, daß nur bei wenigen an Neurosen oder psychosomatischen Erkrankungen leidenden Patienten die notwendigen psychologischen Voraussetzungen hierfür gegeben sind.

c) *Psychotherapie bei Kindern und Jugendlichen*

Viele neurotischen und psychosomatischen Symptome oder Verhaltensstörungen treten bereits im Kindesalter auf. Die psychotherapeutische Behandlung von Kindern steht unter besonders günstigen Voraussetzungen, weil die charakterlichen Fehlhaltungen sich bei Kindern gerade erst ausbilden oder ausgebildet haben und deshalb noch nicht so fest gefügt sind wie bei Erwachsenen. Ihre Auflockerung und Auflösung gelingt deshalb in den meisten Fällen rascher und vollständiger als bei Erwachsenen. Scheuen Sie sich deshalb nicht, dem Rat eines Schulpsychologen, einer Erziehungsberaterin, einer Sozialarbeiterin oder Kindergärtnerin zu folgen und mit Ihrem Kind, das sich ständig die Nägel abbeißt, das stottert oder neurotische Lernstörungen in der Schule hat, zum Kinderpsychotherapeuten zu gehen.

Außer den wenigen auf Kinderbehandlungen spezialisierten psychotherapeutisch ausgebildeten Ärzten und Diplompsychologen gibt es eine größere Anzahl von *Kinder- und Jugendlichenpsychotherapeuten* (früher Psychagogen genannt), die für die psychotherapeutische Behandlung von Kindern und Jugendlichen spezialisiert sind. Diese haben nach ihrem Grundberuf – meist Lehrer oder Sozialarbeiter – ebenso wie Ärzte und Diplompsychologen, die sich später auf Psychotherapie spezialisieren, eine qualifizierte und gründliche mehrjährige Spezialausbildung in Kinderpsychotherapie. Ihr Kind befindet sich also bei der Kinder- und Jugendlichen-Psychotherapeutin oder deren männlichen Kollegen in den besten und erfahrensten Händen. Dem wird auch seitens der Krankenkassen Rechnung getragen, welche die von Angehörigen dieser Berufsgruppe durchgeführten Psychotherapien bei Kindern und Jugendlichen in ihren Leistungskatalog mit eingeschlossen haben.

Kinder- und Jugendlichen-Psychotherapeuten

Kinderpsychotherapie vollzieht sich zwar auch nach dem analytischen Grundziel des Bewußtmachens und Abreagierens unbewußter seelischer Spannungen und der weitergehenden Zielsetzung einer persönlichkeitsgerechteren Verhaltensänderung und Entwicklung des Kindes. Die praktischen Methoden müssen aber natürlich andere sein als bei der Erwachsenen-Behandlung. Den größten Raum in der Kindertherapie nimmt das *therapeutische Spiel* ein. Die Kinder- und Jugendlichen-Psychotherapeutin läßt zum Beispiel Ihr Kind aus einem größeren Angebot von Spielmöglichkeiten etwas auswählen und sich das Spiel anschließend spontan entwickeln. Nicht selten erhalten die Spiel-Gegenstände wie auch die Therapeutin selbst, wenn sie in das Spiel einbezogen wird, unwillkürlich die Bedeutung von Ersatz-Objekten, wie Sie es auch vom spontanen Spiel Ihres Kindes von zu Hause her kennen. Der Stoffhund wird zum Vater, ein Papagei zur Schwester und die Therapeutin zur Mutter des Kindes. Hierdurch stellt das Kind unwillkür-

Therapeutisches Spielen

41

lich die häusliche Szene her und gibt der Therapeutin die Möglichkeit, einmal die krankmachenden psychischen Konflikte Ihres Kindes kennenzulernen und zum zweiten, das Kind durch Ermutigungen und Anregungen oder auch Erklärungen zu einer entlastenden Abreaktion gestauter Affekte und zum Ausprobieren neuer Verhaltensformen zu veranlassen. Natürlich spielt, wie aus den eben gemachten Ausführungen schon nebenbei hervorgeht, die Kommunikation über das *Sprechen* auch eine wichtige Rolle in der Kinderpsychotherapie, aber eben nicht in der ausschließlichen Form wie beim Erwachsenen. Das Kind macht seine therapeutisch wirksame Selbsterfahrung vorwiegend über das Spielen und der Erwachsene vorwiegend über das Aussprechen.

Mithilfe der Eltern in der Kinder-Psychotherapie

Einen wichtigen Raum nimmt in der Kinderpsychotherapie der häufige Kontakt mit den nächsten Angehörigen ein. Die Therapeutin Ihres Kindes wird Sie und Ihren Mann (bzw. Ihre Frau) deshalb öfter zu ausführlichen Gesprächen über Ihr Kind zu sich bitten. Sie wird Ihnen von ihren bei dem Kind gemachten Beobachtungen und von ihren Vermutungen über die inneren Probleme des Kindes berichten, sie wird Ihnen Fragen stellen und vielleicht auch über Probleme mit Ihnen reden, die Sie selbst haben, oder die Sie mit Ihrem Mann (Ihrer Frau) oder seiner (ihrer) noch bei Ihnen wohnenden Mutter haben, weil diese Probleme indirekt auf das Erleben und Verhalten Ihres Kindes einwirken können. Das Ziel dieser gemeinsamen Gespräche mit der Kinder- und Jugendlichen-Psychotherapeutin ist es, daß Sie zusammen Möglichkeiten herausfinden, mittels derer Sie selbst zur Gesundung Ihres Kindes zu Hause durch Veränderungen beitragen können. Außerdem helfen Sie der Therapeutin bei der Therapie Ihres Kindes dadurch, daß Sie ihr über Reaktionen oder Verhaltensänderungen Ihres Kindes nach den letzten Therapiestunden berichten.

Die regelmäßigen Beratungs- und Konsultationsgespräche der Kinder- und Jugendlichen-Psychotherapeutin mit Ihnen oder Ihrem Ehepartner(in) werden übrigens ebenfalls, da sie unmittelbar zur Therapie gehören, von Ihrer Krankenkasse bezahlt.

d) Psychotherapie in Gruppen
(Analytische Gruppenpsychotherapie)

Es kann sein, daß Ihr Hausarzt Ihnen zu einer Gruppenpsychotherapie rät, oder daß der Psychotherapeut nach dem ersten Gespräch mit Ihnen den gleichen Vorschlag macht. Vielleicht haben Sie selbst auch von vornherein den Wunsch, in eine Gruppe zu gehen, wissen aber noch nicht genau, wie die Behandlung dort vonstatten geht.

Wie spielt sich eine Gruppenpsychotherapie ab?

Die therapeutische Gruppe besteht in der Regel aus acht Patientinnen und Patienten und dem Therapeuten. Die Teilnehmer treffen sich ein- oder zweimal wöchentlich für 90 bis 100 Minuten zu ihren Sitzungen und sitzen meist in einem Kreis zusammen. Ähnlich wie in der Einzelbehandlung gilt die Empfehlung, so unbefangen, frei und spontan wie möglich die persönlichen Gefühle, Gedanken und Vorstellungen auszusprechen. Es gibt keine bestimmten Vorrechte und keine bestimmte Reihenfolge, wer reden darf. Jeder darf den gerade Redenden unterbrechen oder dazwischenfragen. In den ersten Sitzungen reden die Teilnehmer vorwiegend über sich selbst, ihre Symptome, ihre persönlichen Probleme oder über die Schwierigkeiten mit ihren Angehörigen oder Berufskollegen. Nach und nach kommen auch Beziehungen zu den anderen Gruppenmitgliedern einschließlich des Therapeuten zustande und verlagert sich das Schwergewicht der Themen auf die Klärung dieser Beziehungen innerhalb der Gruppe. Hierbei verstärkt sich unwillkürlich Ihre Wahrnehmungsfähigkeit für die sich im Verhalten der anderen Gruppenmitglieder äußernden Gefühle und Emotionen. Die anderen Teilnehmer helfen Ihnen hingegen in der Vertiefung Ihrer Selbstkenntnis, indem sie Ihnen mitteilen, welche Gefühle und Emotionen sie in Ihrem Verhalten und hinter Ihren Worten vermuten. Nach und nach wird die Gruppe zu *Ihrer* Gruppe, einem lebendigen Organismus mit bestimmten Gesetzmäßigkeiten, bestimmten Wertvorstellungen und bestimmten Zielen.

8 Patienten und ein Therapeut

Der Gruppentherapeut hat dieselbe Aufgabe wie in der Einzelbehandlung. Er stellt sich mit seiner geschulten Wahrnehmung auf alle Gruppenmitglieder ein und versucht, durch seine Anregungen, Vermutungen und Deutungen die Selbstwahrnehmung und Selbsterkenntnis sowie die Selbstverwirklichungsprozesse jedes Gruppenteilnehmers zu fördern. Er spricht dabei nicht nur einzelne Teilnehmer an, sondern oft auch die ganze Gruppe, z.B. dann, wenn bestimmte gemeinsame Vorstellungen, Gefühle, Phantasien oder Ängste gerade die Gruppe beherrschen. Im Gegensatz zur Einzeltherapie übt der Gruppenleiter die therapeutische Funktion nicht nur allein aus, sondern wird darin unwillkürlich durch alle Gruppenmitglieder unterstützt, weil diese ihre Wahrnehmungen über andere Mitglieder diesen zurückspiegeln.

Rollenwahrnehmung und -änderung in der Gruppe

In der Gruppe verstärkt sich Ihre Wahrnehmungsfähigkeit für das Verhalten anderer Menschen und die sich darin äußernden Gefühle. Infolge der „Rückspiegelung" Ihres eigenen Verhaltens durch die Äußerungen der anderen Gruppenmitglieder erhöht und erweitert sich Ihre Selbstwahrnehmung. Sie werden dabei nicht nur Ihre Schwächen, sondern auch Ihre positiven Seiten besser kennenlernen. Außerdem wird Ihnen allmählich klar werden, daß Sie jeweils, ohne daß Sie dies bewußt wollen, eine bestimmte „*Rolle*" in der Gruppe spielen. Dabei wird Ihnen der Zusammenhang mit den Rollen deutlich werden, die Sie außerhalb der Gruppe jetzt einnehmen oder früher während Ihrer Kindheit in Ihrer Familiengruppe eingenommen haben. Falls Sie im Verlaufe dieser Entwicklung erkennen, daß Ihr bisheriges Rollenverhalten Sie daran gehindert hat, so zu sein, wie Sie eigentlich sind und auch sein können, wird die Gruppe zu einem geeigneten und verständnisvollen „Forum", in welchem Sie neue Verhaltensweisen und neue Rollen ausprobieren können.

Es versteht sich von selbst, daß immer nur einer in der Gruppe reden kann, und daß Sie demzufolge selbst nicht immer dran sein können. Vielleicht ist dies der Grund dafür, daß Sie lieber in Einzeltherapie gehen wollen, wo nur Sie da sind und die ganze Stunde reden können. Sie werden aber in der Gruppe bald merken, daß Sie auch für sich selbst profitieren können, wenn Sie selbst nicht reden, weil nämlich vieles von dem, was andere gerade aussprechen oder miteinander austragen, auch Sie häufig angeht und Ihnen zu neuen Erkenntnissen über sich selbst verhelfen kann. Die analytische Gruppenpsychotherapie ist eine über das Kommunikationsmittel der Sprache verlaufende Methode, also auch eine *verbale* Therapieform. Es ist natürlich erlaubt, außer dem Sprechen auch zu lachen, zu weinen, zu seufzen und zu stöhnen, auch zu schimpfen und zu schreien. Es ist aber dem Fortgang der Behandlung nicht dienlich und untersagt, auf einen anderen Gruppenteilnehmer körperlich loszugehen, sei es in erotisch-sexueller oder aggressiver Absicht. Es dient dem Fortgang der Therapie hingegen, wenn Sie den Ihnen bewußt werdenden Wunsch, derartiges tun zu wollen, aussprechen, ohne ihn in die Tat umzusetzen („ich würde Sie jetzt am liebsten streicheln, Ihnen eine runterhauen" u.ä.).

e) Familien- und Ehepaar-Gruppenpsychotherapie

Bei der Diskussion der Reaktionen der Umgebung eines in Psychotherapie befindlichen Erwachsenen, aber auch bei der Einbeziehung der nächsten Angehörigen in die psychotherapeutische Behandlung eines Kindes hatte ich schon darauf hingewiesen, daß die seelische Erkrankung eines Menschen nicht isoliert entsteht, sondern daß sie sowohl Folgeerscheinung wie auch Ausdruck eines gestörten Familien- oder Partnerschaftsgefüges ist. *Die Neurose des einzelnen kann man deshalb auch als Symptom einer Familien- oder Partnerschaftsneurose ansehen.* Bei der Behandlung neurotischer Kinder geht es gar nicht anders, als die seelisch gestörte Gesamtgruppe zu behandeln, da das Kind in einer so großen Abhängigkeit von seiner Familie lebt, daß es sich mit seinen in der Therapie erzielten Entwicklungsfortschritten und positiven Verhaltensänderungen allein nicht durchsetzen könnte gegenüber einem unverändert gebliebenen Familienmilieu.

Beim Erwachsenen hingegen können in der Psychotherapie in der Regel soviel Eigenkräfte mobilisiert werden, daß die in der Behandlung erzielten Fortschritte und Veränderungen auch im alten familiären oder partnerschaftlichen Rahmen durchgehalten werden können, oder sogar nicht selten, wie schon gezeigt worden war, die Familien- oder Partnerschafts-Neurose verringert oder gebessert werden kann.

Ehepaar-gruppen-psychotherapie

Hiervon gibt es aber Ausnahmen. Es kann sein, daß Ihre neurotischen Krankheitssymptome, Ihre Hemmungen und charakterlichen Mängel so eng mit neurotischen Störungen und typischen Eigenschaften Ihres Ehemannes oder Ihrer Ehefrau seit vielen Jahren verzahnt oder verkoppelt sind, daß Ihr Arzt oder der Psychotherapeut nach dem ersten Gesprächskontakt mit Ihnen und einem gemeinsamen Gespräch mit Ihrer Frau oder mit Ihrem Mann zu einer *Ehepaar-Gruppenpsychotherapie* rät. Diese Behandlungsart bietet den Vorteil, daß sowohl Sie als auch Ihr Ehepartner(in) ihre Krankheitssymptome loswerden können und daß Sie darüber hinaus unter den neutralen und wachsamen Augen von drei anderen Ehepaaren und denen des Gruppenleiters die Besonderheiten Ihres partnerschaftlichen Umganges und Ihrer beider typischen Ehekonflikte zurückgespiegelt bekommen. Dies gibt Ihnen die Möglichkeit, den künftigen Umgang mit Ihrer Frau bzw. Ihrem Mann offener, realer und spannungsfreier zu handhaben als bisher. Hiermit wird gleichzeitig eine wichtige Voraussetzung dafür geschaffen, daß es später bei Ihnen und Ihrem Partner(in) nicht wieder zu Rückfällen in neurotisches Verhalten und zum Ausweichen in neurotische Symptombildungen kommt.

Familientherapie

Die *Psychotherapie einer ganzen Familie* wird außer der beratenden Einbeziehung von Eltern in eine Kinderpsychotherapie erst selten angewandt. Dieses Verfahren befindet sich noch in der Entwicklung und wird auch noch nicht von den Krankenkassen bezahlt. Es ist aber zu erwarten, daß es ebenfalls, wie die Ehepaar-Psychotherapie, zu einem Standardverfahren weiter entwickelt werden wird, und daß auch unter bestimmten Voraussetzungen in Zukunft erwachsene Patienten mit seelisch verursachten Krankheitssymptomen in einer Psychotherapie ihrer gesamten Familie, einschließlich Kindern, Großeltern und Tanten, soweit sie zusammen wohnen und eine Gruppe bilden, bessere Heilungschancen haben können, als wenn sie nur allein behandelt würden.*)

f) Stützende, entspannende, übende und konditionierende psychotherapeutische Verfahren

Zum Anwendungsbereich der Psychotherapie im weitesten Sinne gehören auch die Verfahren, die hier kurz dargestellt werden sollen. Genauere Hinweise werden Sie von den speziell in der Ausübung dieser Methoden erfahrenen Ärzten oder Psychologen erhalten. Gemeinsam ist diesen Verfahren, daß sie nicht auf eine Aufdeckung unbewußter Persönlichkeitskonflikte und damit auf eine Erweiterung Ihres Bewußtseins über sich selbst und damit auf eine bessere Möglichkeit zu Ihrer Selbstverwirklichung abzielen, wie es bei den bisher geschilderten, analytisch genannten Verfahren der Fall war. Vielmehr versuchen sie, gestörtes Verhalten oder gestörte organismische Funktionen auf *direktem Wege* zu verbessern, ohne dabei die zu vermutenden meist im Unterbewußtsein verankerten Ursachen des gestörten Verhaltens oder der gestörten Funktionen ergründen zu wollen.

Diese Verfahren beanspruchen in der Regel einen geringeren Zeitaufwand als die analytischen Methoden. Sie sind aber deswegen nicht minderwertiger. Ob Ihnen Ihr Arzt zu einer „großen Analyse" oder zum Autogenen Training oder zu einer Verhaltenstherapie rät, hängt ausschließlich von Ihren Krankheitssymptomen und den bei Ihnen vorhandenen psychologischen Gegebenheiten ab.

Gesprächstherapie

Diese Behandlungsart wird in der Regel in Einzelsitzungen durchgeführt. Sie sprechen dabei – im Gegenübersitzen – Ihre

Gesprächstherapie

---

*) In den letzten Jahren haben sich in verschiedenen Städten der Bundesrepublik Deutschland Zentren für Familientherapie etabliert, teils an Universitäten, teils außerhalb davon, an denen bereits in größerem Umfang familientherapeutische Beratungen und Behandlungen durchgeführt werden.

gegenwärtigen Probleme, Sorgen und Gefühle aus. Der Gesprächstherapeut stellt sich völlig auf Sie ein und macht Ihnen dies deutlich, indem er Ihnen Ihre Äußerungen teils mit Ihren eigenen Worten, teils mit leicht veränderten sinngemäßen Formulierungen zurückgibt. Ziel und Ergebnis dieser Behandlungsart ist, daß Sie sich angenommen, bestätigt, entlastet, ermutigt und befreit fühlen und dadurch Ihr Selbstvertrauen, Ihre Kontaktfähigkeit und Ihre Durchsetzungsfähigkeit erhöht werden.

Bei bestimmten, nicht zu stark in ihrer Gesamtpersönlichkeit fixierten neurotischen Störungen ist diese Behandlungsart geeignet, Ihre Krankheitssymptome zu beseitigen. Im Gegensatz zur analytischen Psychotherapie, mit der insofern Ähnlichkeiten bestehen, als die Gesundungskräfte auch über das Miteinandersprechen mobilisiert werden, verzichtet der Gesprächstherapeut auf deutende Bemerkungen. Trotzdem kann auf Grund der verständnisvollen und wertfreien Atmosphäre auch ein Zuwachs an Selbsterkenntnis im Verlaufe der Therapie, die im allgemeinen 20 bis 50 Sitzungen beansprucht, zustande kommen.

Autogenes Training (Konzentrative Entspannung)

Entspannung im Autogenen Training

Mit Hilfe dieses Verfahrens können Sie sich selbst zur Entspannung und Ruhe bringen. Die hierfür zu erlernenden Übungen bringt Ihnen Ihr Arzt bei. Wenn sie Ihnen in Fleisch und Blut übergegangen sind, können Sie sie später auch ohne seine Hilfe anwenden. Wenn Sie gut eingeübt sind, können Sie sich nicht nur kurzfristig allgemein entspannen und erholen, sondern darüber hinaus auch einzelne gestörte Körperfunktionen wie Herzunruhe, Muskelverkrampfungen, Muskelzittern, Kopfdruck, kalte Füße u.a. beheben und normalisieren. Verbunden mit der körperlichen Entspannung und Beruhigung tritt gleichzeitig eine seelische Entspannung und Beruhigung ein.

Bei zahlreichen nervösen Symptomen, denen keine tiefergehenden Persönlichkeitskonflikte zugrunde liegen, reicht die durch das Autogene Training erzielte körperlich-seelische Ruhigstellung aus, um Sie davon zu befreien.

Ein großer Vorteil des Autogenen Trainings besteht darin, daß Sie es nach dem Abschluß der ärztlich geleiteten Einlernphase, die etwa 10 bis 20 Sitzungen à 20 bis 30 Minuten beansprucht, in der folgenden Zeit ständig weiter für sich selbst ausüben und vervollkommnen können und dadurch ganz unabhängig vom Arzt werden.

Hypnose

Die Hypnose besteht in einer vom Arzt durch suggestive Einwirkung (mittels Anwendung von Wortformeln und Fixierenlassen von Gegenständen) herbeigeführten vorübergehenden Veränderung des Bewußtseins. In einem solchen veränderten Bewußtseinszustand werden nur noch die vom Hypnotiseur gemachten Mitteilungen aufgenommen. Letztere erhalten dadurch eine sehr starke Bedeutung und Wirkung. Diese nutzt der Arzt in der Weise, daß er spezielle, gegen die Krankheitssymptome gerichtete Wortsuggestionen gibt. Z.B. „Sie werden morgen bei der Prüfung keine Angst haben".

In seltenen Fällen wird dieses Verfahren auch heute noch angewandt, z.B. zur Hilfe bei einer anders nicht zu erzielenden Befreiung von einer Drogen-, Alkohol- oder Nikotinabhängigkeit, gelegentlich auch bei Prüfungsängsten oder ähnlichen, nur in ganz bestimmten Situationen auftretenden seelischen oder seelisch bedingten körperlichen Symptomen. Falls in Ihrem Falle Hypnose empfohlen wurde, dann achten Sie darauf, daß diese nur von einem auf diesem Gebiet erfahrenen und anerkannten Arzt durchgeführt wird. Denn die Hypnose ist ein tief in die leib-seelischen Funktionen des Organismus eingreifendes Verfahren, vergleichbar einem stark wirkenden Medikament, welches auch nur der Arzt verordnen darf, oder einem operativen Eingriff. Nur ein in der Ausübung der Hypnose er-

Gelegentlich kann Hypnose helfen

fahrener Arzt kann die Verantwortung dafür übernehmen, daß keine für Sie schädlichen Nebenwirkungen auftreten bzw. daß solche Nebenwirkungen, falls sie dennoch auftreten sollten, rechtzeitig von ihm erkannt und beseitigt werden.

Verhaltenstherapie

Symptom-befreiung durch Verhaltenstherapie

Diese Behandlungsart wird besonders bei eng umgrenzten neurotischen Störungen angewandt und bei solchen, die schon sehr lange Zeit bestehen und sehr eingefahren sind. Z.B. bei übermäßigen Ängsten gegenüber bestimmten Tieren wie Spinnen, Schlangen u.ä., bei jahrelang bestehenden Zwangssymptomen, aber auch bei Alkohol- und Drogenabhängigkeit. Auch bestimmte neurotische Störungen im Kindesalter wie z.B. das Bettnässen sprechen auf Verhaltenstherapie gelegentlich an. Manchmal wird auch Verhaltenstherapie mit analytischer Psychotherapie kombiniert, indem sie der letzteren entweder vorangeht oder sich zeitlich daran anschließt.

Die praktische Anwendung dieser Behandlungsmethode besteht darin, daß Sie regelmäßig Übungen ausführen, die der Verhaltenstherapeut entsprechend den Besonderheiten Ihrer Krankheitssymptome für Sie ausarbeitet. Das Ziel der Behandlung ist, daß Sie Ihr gestörtes Verhalten, also Ihre krankhaften Symptome, nach und nach „verlernen" sollen und anstelle dessen ein gesundes Verhalten erlernen sollen.

3. Die Finanzierung der Psychotherapie

Krankenkassen

Die Zeit, in welcher Psychotherapie ein Luxus war, den sich nur wenige begüterte Menschen leisten konnten, ist vorbei. Als anerkannte ärztliche Behandlungsmethode wird Psychotherapie jetzt von den öffentlichen Kostenträgern bezahlt. Es gibt in den für die Kostenträger und Ärzte gültigen amtlichen Gebührenordnungen für die verschiedenen psychotherapeutischen Leistungen entsprechende Bezeichnungen und Abrechnungsziffern. Es kann deshalb jeder, für den es aus ärztlichen Gründen erforderlich ist, psychotherapeutisch behandelt werden, auch dann, wenn er unbemittelt ist.

Wie wird die Kostenbewilligung für Ihre Psychotherapie bei den Kostenträgern herbeigeführt?

Die Kosten für eine normale psychotherapeutische Behandlung (analytische Einzel- oder Gruppenpsychotherapie) liegen, wenn man das Honorar für eine Behandlungsstunde mit der Gesamtzahl der notwendigen Sitzungen multipliziert, ziemlich hoch. Sie betragen mehrere tausend DM. Die Kostenträger – in der Regel die Krankenkassen – werden also erheblich durch die Ausgaben für psychotherapeutische Behandlungen belastet. Es ist deshalb verständlich, wenn sie sich vor der Gewährung ihrer Kostendeckung genau darüber informieren wollen, ob die Psychotherapie im vorliegenden Fall auch angezeigt ist, und ob sie Aussicht auf Erfolg hat. Ihr Psychotherapeut (Arzt, Psychologe oder Kinder- und Jugendlichen-Psychotherapeut) muß deshalb nach dem ersten ausführlichen Gespräch mit Ihnen einen eingehenden schriftlichen Antrag an den Kostenträger schicken. Der Vertrauensarzt (Gutachter) des Kostenträgers – durchweg ein besonders erfahrener Psychotherapeut – prüft diesen Antrag, ohne daß er Sie deshalb persönlich sprechen oder untersuchen muß, und empfiehlt entweder dem Kostenträger die Bezahlung der beantragten Psychotherapie, was bei den meisten Anträgen geschieht, oder er lehnt sie ab. Im Falle der Kostenbewilligung werden die Behandlungskosten meist in voller Höhe gedeckt.

Welche weiteren Stellen kommen für die Übernahme der Behandlungskosten für Psychotherapie in Frage?

Wenn Sie als Beamter oder Angestellter in einem festen Arbeitsverhältnis im *öffentlichen oder kirchlichen Dienst* stehen, können Sie eine *Kostenbeteiligung* bei Ihrem Arbeitgeber in Form einer sogenannten *Beihilfe* beantragen. Sie deckt gegebenenfalls einen Teil der durch Ihre Psychotherapie anfallenden Kosten (zwischen 30 und 80 % derselben). Auch große Privatbetriebe und gemeinnützige Einrichtungen gewähren gelegentlich auf Antrag Beihilfen für Psychotherapie.

Falls für Sie keiner der bisher aufgezeigten Kostenträger zuständig ist und Sie mittellos sind oder ein sehr geringes Einkommen haben, können Sie damit rechnen, daß das *Sozialamt* auf Antrag Ihres Psychotherapeuten die Kosten für die Behandlung in voller Höhe übernimmt.

Die *Rentenversicherungsträger* – die Bundesversicherungsanstalt für Angestellte und die Landesversicherungsanstalten – treten in erster Linie für die Finanzierung *stationärer* psychotherapeutischer Heilverfahren ein.

Selbstzahler

Falls Sie Ihre Psychotherapie selbst bezahlen wollen, können oder müssen, oder falls Ihr Therapeut darauf besteht, z. B. weil er keine Zulassung zu den Krankenkassen hat, müssen Sie damit rechnen, daß der Kostensatz für eine psychotherapeutische Einzel- oder Gruppensitzung bis zu 50 % über den von den Krankenkassen gewährten Kostensätzen liegt. Ob Sie diese Kosten später nach Vorlage der von Ihnen bezahlten und vom Therapeuten quittierten Rechnungen von einer Privatkrankenkasse ganz oder teilweise zurückerstattet bekommen, hängt von den Vertragsbedingungen ab, unter denen Sie Ihre Versicherung abgeschlossen haben. Informieren Sie sich vor Beginn der Behandlung, wenn der Text im Versicherungsvertrag nicht eindeutig ist.

Die Kostenerstattung für andere (= nicht-analytische) Psychotherapie-Formen

Der Aufwand und dementsprechend die finanziellen Kosten für die nicht-analytischen Verfahren, wie Autogenes Training, Hypnose, Verhaltens- und Gesprächstherapie sind sowohl für jede einzelne Sitzung als auch insgesamt geringer als bei den analytischen Verfahren. Diese psychotherapeutischen Leistungen können deshalb – ohne daß ein besonderer Antrag gestellt und ein Gutachter eingeschaltet wird – unmittelbar von Ihrem Arzt auf Krankenschein von ihm abgerechnet werden.

Kostenregelung für Verhaltens- und Gesprächstherapie durch Psychologen

Falls Ihr Arzt Ihnen oder eine Erziehungsberaterin Ihrem Kind eine Verhaltens- oder Gesprächstherapie empfohlen hat und Sie oder Ihr Kind an einen ortsansässigen Psychologen überwiesen hat, der eine dieser beiden Behandlungsarten durchführt, können Sie nach der augenblicklichen Lage nicht ohne weiteres damit rechnen, daß die Krankenkasse oder ein anderer öffentlicher Kostenträger hierfür die Kostendeckung übernimmt.*)

---

*) Zur Zeit ist ein Gesetz in Vorbereitung, welches für solche Psychologen, die eine anerkannte Zusatzausbildung in einem psychotherapeutischen Fach nachweisen können (also außer in analytischer Psychotherapie, welche schon jetzt über das Delegationsverfahren von Diplompsychologen als Kassenleistung ausgeführt werden kann, auch in Verhaltenstherapie und Gesprächstherapie), eine eigenverantwortliche heilberufliche Tätigkeit in enger Zusammenarbeit mit einem Arzt sicherstellen soll. Es kann erwartet werden, daß die Behandlungen beim psychologisch vorgebildeten Verhaltens- und Gesprächstherapeuten nach Verabschiedung dieses Gesetzes dann auch von den Krankenkassen bezahlt werden. Bis dahin ist eine genaue Information bei der zuständigen Krankenversicherung notwendig, da die derzeitige Erstattungspraxis für Verhaltens- und Gesprächstherapie bei den einzelnen Krankenkassen sehr unterschiedlich ist und sich häufig ändert.

B. Stationäre Psychotherapie
(Behandlung in einer Psychotherapeutischen oder Psychosomatischen Klinik, Abteilung oder Kurklinik)

Psychotherapie im Krankenhaus

Vielleicht haben Sie wegen jahrelang bestehender, durch die üblichen ärztlichen Behandlungsmethoden nicht zu behebender Herzbeschwerden, wegen nervöser Magen-, Gallen- oder Verdauungsstörungen oder wegen nervöser Schwäche, Ängste und Unruhe schon längere Zeit nicht mehr Ihrer Arbeit nachgehen können und ist deshalb ein Antrag auf Anerkennung von Berufsunfähigkeit gestellt worden. Zu diesem Zweck mußten Sie zu einem Vertrauensarzt, und dieser hat Sie zu Ihrer Überraschung in eine sogenannte Psychotherapeutische oder Psychosomatische Klinik eingewiesen. Vielleicht ist die Überweisung auch von einer Psychiatrischen Klinik aus erfolgt, wo Sie wegen eines schweren Depressionszustandes eingeliefert worden waren, oder von einer inneren Krankenhausabteilung, wo man Sie gründlich organisch durchuntersucht hat und keine körperlichen Ursachen für Ihre asthmatischen Beschwerden gefunden hat. Oder Ihr behandelnder Hausarzt oder Nervenarzt hat Ihnen die Einweisung direkt gegeben.

Ihre nächstliegende Frage wird nun sein, was Sie in einer solchen Klinik erwartet. Die Auskünfte des Hausarztes oder des Vertrauensarztes, der Ihnen die Einweisung gegeben hat, haben Ihnen vielleicht noch keine ausreichende Klarheit verschafft. Ich möchte Ihnen deshalb im folgenden die wichtigsten Informationen darüber geben, was psychotherapeutische und psychosomatische Kliniken sind, wie sich das Leben darin abspielt, welche Behandlungsmethoden dort angewandt werden, wie lange die Behandlung darin dauert, und wer die Kosten dafür trägt.

Psychotherapeutische Kliniken und Kurkliniken sind Krankenhäuser, in welchen die psychotherapeutischen Behandlungsmethoden, vor allem analytische Einzel- und Gruppenpsychotherapie, aber auch Autogenes Training und andere Verfahren bei den stationär dort untergebrachten Patienten angewandt werden. Da Psychotherapie nur bei Neurosen (= seelisch verursachten Krankheiten) angewandt wird und nicht bei Psychosen (= Geistes- und Gemütskrankheiten), befinden sich in Psychotherapeutischen Kliniken auch keine Patienten mit Geisteskrankheiten. Letztere werden in Psychiatrischen Kliniken oder Psychiatrischen Landeskrankenhäusern untergebracht. Da die Anwendung psychotherapeutischer Methoden Ihre persönliche Zustimmung, Ihre eigene aktive Mitarbeit und Ihre persönliche und rechtliche Verantwortlichkeit voraussetzt, werden Sie in der Psychotherapeutischen Klinik nur mit Patientinnen und Patienten zusammenkommen, die ebenso wie Sie selbst voll zurechnungsfähig sind. Falls Ihnen also jemand abrät, in eine Psychotherapeutische Klinik zu gehen, weil Sie dort angeblich mit Geistes- bzw. Gemütskranken zusammenkämen, so können Sie diesen Einwand als falsch zurückweisen.

In *Psychosomatische Kliniken* (Kurkliniken oder Abteilungen) kommen Patienten mit solchen körperlichen Krankheiten, deren Ursachen ganz oder teilweise auf seelischem Gebiet liegen. Die Behandlung erfolgt dort meist „zweigleisig", d.h. psychotherapeutisch und mit körperlichen Behandlungsmethoden. Diese Kliniken sind mit allen modernen Einrichtungen für Diagnostik und Behandlung von schweren körperlichen Erkrankungen ausgestattet, wie Röntgeneinrichtung, EKG, Laboratorien, Instrumentarium für Reanimation = Wiederbelebung und Intensivbehandlung und -pflege bei lebensbedrohlichen Zuständen usw. In Psychosomatischen Kliniken sind dementsprechend sowohl *Ärzte und Psychologen mit psychotherapeutischer Spezialausbildung* als auch *Fachärzte* für die einschlägigen medizinischen Spezialgebiete tätig, vor allem für innere Medizin.

Manchmal sind Psychotherapeutische und Psychosomatische Kliniken oder Abteilungen miteinander kombiniert, so daß z.B. in einer solchen Klinik ein Patient mit einem neurotischen Depressionszustand im gleichen Zimmer zusammen liegen kann mit einem Patienten, der an einer psychogenen (= seelisch bedingten) Dickdarmentzündung leidet.

1. Gründe für stationäre Psychotherapie

Es gibt verschiedene Gründe, warum eine Psychotherapie in bestimmten Fällen in einer Klinik durchgeführt werden muß:

Schwere körperliche Krankheitserscheinungen

Wenn Ihre Magen-, Darm-, Herz- oder Asthmaerkrankung oder Ihr hochgradiges Untergewicht Sie bettlägerig oder so schwach gemacht haben, daß Sie ständiger Pflege, streng kontrollierter medikamentöser Behandlung und ärztlicher Überwachung bedürfen, obwohl die Ursachen für Ihr Leiden auf seelischem Gebiet liegen, müssen Sie in der Klinik behandelt werden, da nur dort die Voraussetzungen hierfür gegeben sind und gleichzeitig die notwendige psychotherapeutische Behandlung der seelischen Krankheitsursachen erfolgen kann. Außerhalb der Klinik könnten Sie weder die notwendige regelmäßige körperliche Pflege und Behandlung haben, noch hätten Sie in Ihrem Zustand die Kraft, ein- oder mehrmals in der Woche einen Psychotherapeuten aufzusuchen.

Bei bestimmten neurotischen Krankheitserscheinungen ist die Einleitung einer ambulanten Psychotherapie nicht möglich

Vielleicht treten bei Ihnen schon seit langer Zeit in dem Augenblick, wo Sie Ihre Wohnung verlassen wollen, hochgradige unerklärliche Ängste auf, so daß Sie nicht herauskommen. Eine solche neurotische Erkrankung muß psychotherapeutisch behandelt werden. Sie heißt Platzangst oder Straßenangst und ist heilbar. Da Psychotherapeuten Sie nicht in Ihrer Wohnung aufsuchen können, und Sie wegen Ihrer Erkrankung nicht zu ihm hingehen können, muß die Behandlung in einer Psychotherapeutischen Klinik durchgeführt werden.

Das gleiche gilt für eine Anzahl weiterer neurotischer Erkrankungen, deren Symptome es Ihnen – trotz Ihres Willens, sich psychotherapeutisch behandeln zu lassen – unmöglich machen können, einen Psychotherapeuten aufzusuchen. Z.B. für seelisch bedingte Lähmungen, Geh- oder Sehstörungen und auch für bestimmte schwere neurotische Zwänge, die es Ihnen unmöglich machen, rechtzeitig die Wohnung zu verlassen, da Sie ständig noch zwanghaft etwas kontrollieren müssen. Sie kommen dadurch entweder sehr verspätet oder gar nicht zum Psychotherapeuten. Dieser ist aber auf Grund seiner besonderen Arbeitsweise an die regelmäßige und pünktliche Einhaltung seiner Stundentermine gebunden. Deshalb ist in diesem Fall die Durchführung einer Psychotherapie nur in der Klinik möglich.

Besondere schwere oder krisenhafte Zuspitzung einer neurotischen Erkrankung

Vielleicht befinden Sie sich schon eine Zeitlang in einer ambulanten Psychotherapie, und Ihr seelischer Zustand hat sich aber unter einem schweren persönlichen Konflikt so verschlimmert, daß Sie sich kaum noch unter Kontrolle haben. In solchen krisenhaften Zuständen kann eine vorübergehende Verbringung in den geschützten Raum einer Klinik Ihnen bereits in wenigen Wochen wieder so viel Kraft geben, daß Sie bald wieder entlassen werden und Ihre ambulante Psychotherapie fortsetzen können.

Schwere seelische Krisen in der Klinik

Auch wenn Sie wegen Ihrer seit längerer Zeit bestehenden seelisch bedingten Störungen noch nicht in ambulanter Psychotherapie waren, kann eine plötzlich einsetzende Verschlimmerung es unmöglich machen, daß Sie die Kraft aufbringen, eine ambulante Psychotherapie zu beginnen. Auch dann ist der Schutz und die Entlastung in der Psychotherapeutischen Klinik für Sie erforderlich, um die Verschlimmerungskrise zu überwinden und dabei mit der Psychotherapie zu beginnen. Wenn Sie genügend stabil sind, kann dann die Behandlung nach der Entlassung aus der Klinik ambulant fortgesetzt werden.

Distanz vom Konflikt-Milieu als Voraussetzung zur Wandlung und Neuorientierung

Entlastung von übermäßigem Konflikt-Druck in der Klinik

Fast immer liegen die Gründe für die Entstehung und Aufrechterhaltung neurotischer Symptome in den auf Sie einwirkenden seelischen und gesellschaftlichen Kräften aus Ihrer unmittelbaren Umgebung. In den meisten Fällen gelingt es durch die übliche ambulant durchgeführte Einzel- oder Gruppenpsychotherapie, daß Sie diese auf Sie einwirkenden und behindernden Kräfte allmählich erkennen und sich davon befreien, indem Sie die *Kräfte Ihrer eigenen Persönlichkeit mobilisieren*. In einzelnen Fällen sind aber die Sie behindernden Kräfte aus Ihrer unmittelbaren Umgebung, also Ihrer Familie, Ihrer Arbeitsstelle oder Ihrem sozialen Milieu so groß und sind die Abhängigkeiten, die Sie zwingen, in diesem bedrückenden Milieu zu verbleiben, so intensiv, daß die in einer ambulanten Psychotherapie geweckten Kräfte Ihrer Persönlichkeit nicht ausreichen, die für Ihre Gesundung notwendige innere und äußere Verselbständigung und Befreiung herbeizuführen. In diesem Falle erhalten Sie durch die Einweisung in eine Psychotherapeutische Klinik und längerfristige Behandlung darin die für Sie notwendige Distanz von dem Sie übermäßig belastenden Konfliktmilieu. Dies gibt Ihnen die Möglichkeit zu einer echten Einsicht in Ihren Charakter und damit zur *inneren* Verselbständigung und Selbstverwirklichung. Hiermit können dann auch die Voraussetzungen geschaffen werden, daß Sie dann später auch die für Ihr weiteres Leben notwendigen *äußeren* Verselbständigungsschritte und die damit verbundenen Maßnahmen und Veränderungen durchführen können. Zum

Beispiel werden Sie dann in der Lage sein, sich von Ihrem Elternhaus zu lösen, den Beruf oder Arbeitsplatz zu wechseln, eine andere Wohnung zu nehmen oder in eine andere Stadt zu ziehen. (Siehe auch später unter Rehabilitation und soziale Neuorientierung, S. 78–81.)

Wenn es keinen Psychotherapeuten in Ihrer Nähe gibt

Vielleicht wohnen Sie in einem heute psychotherapeutisch noch unterversorgten Gebiet. Man hat Ihnen gesagt, daß Sie sich psychotherapeutisch behandeln lassen sollen, und Sie sind auch bereit dazu. Aber an Ihrem Wohnort wie auch im Umkreis von 20 bis 50 Kilometern gibt es keinen Psychotherapeuten. Für Sie gibt es, solange die ambulante psychotherapeutische Versorgungssituation nicht wesentlich verbessert ist, durch die stationäre Behandlung in einer Psychotherapeutischen Klinik, obwohl Sie von der Art Ihrer Erkrankung her nicht stationär behandelt werden müßten, die Möglichkeit, in den Genuß der für Sie erforderlichen Spezialbehandlung zu kommen.

2. Die Dauer der stationären psychotherapeutisch/psychosomatischen Behandlung

Die Frage der Dauer einer stationären Behandlung hängt von sehr unterschiedlichen Faktoren ab und kann deshalb nicht einheitlich beantwortet werden. Wenn Sie wegen schwerer *körperlicher* Symptome eingewiesen wurden, werden Sie mit Ihrer Entlassung rechnen können, sobald die körperlichen Symptome so weit zurückgegangen sind, daß sie keine klinische Überwachung und Pflege mehr erforderlich machen. Da dies bei den unterschiedlichen Erkrankungsformen sehr verschieden lange dauert, kann die Aufenthaltsdauer zwischen vier Wochen und sechs Monaten oder noch länger betragen.

Unterschiedliche Aufenthaltsdauer in der Klinik

Falls die *Besonderheit Ihrer psychischen Störungen,* wie z.B. Platzangst, den Grund für die Einweisung bildete, kann die Entlassung erfolgen, sobald die Symptome so weit gebessert wurden, daß die Psychotherapie ambulant fortgesetzt werden kann. Dies kann zwischen drei und sechs bis acht Monaten dauern. Bei schweren chronifizierten, aber noch behandelbaren Zwangsneurosen und neurotischen Charakterstörungen kann die stationäre Behandlung bis zu einem Jahr und länger dauern. Auch bei denjenigen stationären Behandlungen, die zur Herstellung einer notwendigen Distanz zum Konfliktmilieu und zum Zwecke einer Neuorientierung veranlaßt wurden, ist mit längerer Aufenthaltsdauer zu rechnen (zwischen vier und sechs bis neun Monaten).

Wenn Ihre stationäre Psychotherapie veranlaßt wurde, damit eine aktuelle Verschlimmerung oder Krise „aufgefangen" werden kann, reicht in der Regel eine sechswöchige Behandlung aus.

Auch wenn Sie von einem Versicherungsträger zu einem stationären psychotherapeutischen Heilverfahren eingewiesen wurden, beträgt die Aufenthaltsdauer in der Regel sechs Wochen. In Ausnahmen kann um zwei bis vier Wochen verlängert werden.

Falls Sie lediglich aus „örtlichen" Gründen zur Psychotherapie in die Klinik eingewiesen wurden, also weil es in Ihrer Nähe keinen Psychotherapeuten gibt, dann werden Sie häufig mit einer „fraktionierten" oder Intervall-Therapie rechnen können. Sie bleiben dann z.B. für zwei bis drei Monate zur Psychotherapie in der Klinik, fahren anschließend wieder nach Hause und kommen nach einem zeitlichen Intervall von neun Monaten oder einem Jahr erneut in die Klinik, um wiederum für zwei bis drei Monate psychotherapeutisch behandelt zu werden. Gegebenenfalls kann, wiederum nach einem entsprechenden Intervall, noch eine dritte oder vierte Behandlungsperiode angeschlossen werden.

3. Formalitäten und notwendige Maßnahmen vor der Einweisung in eine Psychotherapeutische oder Psychosomatische Klinik (Abteilung)

Einweisungsformalitäten und Kostenregelung

Die *Einweisung* in die Klinik schreibt Ihr Arzt aus oder wird, wenn Sie schon in einer anderen Klinik liegen, vom dortigen Arzt vorbereitet. Sie müssen sich mit dem vom Arzt ausgestellten Einweisungsschein bei Ihrer *Krankenkasse* um die *Übernahme der Kosten* für die stationäre Psychotherapie bemühen. Hierfür ist es meist wegen der geringen Anzahl psychotherapeutischer und psychosomatischer Klinikbetten erforderlich, daß Sie eine grundsätzliche *Aufnahmezusage einer Spezialklinik* in Händen haben. Um diese müssen Sie sich zusammen mit Ihrem Arzt, der Ihnen dabei hilft, kümmern. Leider sind dabei Wartezeiten und gelegentliche Rückfragen oft nicht zu vermeiden. Falls ein anderer Kostenträger in Frage kommt, z.B. eine *Beihilfestelle* oder das *Sozialamt*, müssen Sie sich ebenfalls, eventuell mit Unterstützung Ihres Arztes, an diese Stellen persönlich wenden und die Kostenzusage für Ihre geplante stationäre Psychotherapie erwirken. Wenn Sie *Selbstzahler* sind, rechnen Sie sich ungefähr aus, wie hoch sich die Gesamtkosten der stationären Behandlung stellen, nachdem Sie die Klinik über die Tagespflegesätze, eventuellen Zusatzkosten und die voraussichtliche Dauer der stationären Psychotherapie informiert hat, damit Sie überblicken können, ob diese Behandlung für Sie finanziell tragbar ist. Wenn Sie in einer *Privatkasse* sind, versichern Sie sich vor der Klinikeinweisung, ob und gegebenenfalls wieviel Geld Sie von den Ihnen an die Klinik überwiesenen Pflege- und Behandlungskosten später zurückerstattet bekommen werden.

Wenn Ihre stationäre Psychotherapie als *Heilverfahren* angeordnet wurde, ist damit die Kostenbewilligung von vornherein gegeben und sind keine Aktivitäten Ihrerseits mehr erforderlich.

Beachtenswertes vor der Klinikeinweisung

*Notwendige Regelungen zu Hause und am Arbeitsplatz
vor der Klinikaufnahme*

Falls Sie mit einem mehrmonatigen Klinikaufenthalt zu rechnen haben, ist es häufig erforderlich, bestimmte Dinge in Ihrem persönlichen und beruflichen Bereich zu regeln. Zum Beispiel müssen Sie vielleicht jemanden zur Versorgung Ihrer kleinen Kinder finden. Hierbei hilft Ihnen übrigens unter Umständen eine Sozialarbeiterin vom Jugendamt. Oder Sie müssen die Vertretung auf Ihrem Arbeitsplatz regeln usw.

*Ambulante Vorgespräche durch die aufnehmende
Psychotherapeutische Klinik*

Einige Psychotherapeutische Kliniken führen in denjenigen Fällen, bei denen es auf Grund der schriftlichen Vorinformationen nicht sicher genug entschieden werden kann, ob stationäre Psychotherapie in Frage kommt oder notwendig ist, ein ausführliches ambulantes Vorgespräch durch. Falls Sie sich deswegen unter Umständen die Mühe einer längeren Anreise machen müssen, so denken Sie daran, daß diese Voruntersuchung zu einem Ergebnis führen wird, das Ihnen endgültig die Möglichkeit zur Gesundung durch stationäre Psychotherapie eröffnet, oder auf Grund dessen eine Fehleinweisung vermieden werden kann und Ihnen spätere Enttäuschungen erspart werden können. Außerdem lernen Sie anläßlich eines solchen Vorbesuches schon die Klinik und einige der dort arbeitenden Therapeuten kennen, so daß Sie sich bereits auf die spätere stationäre Behandlung etwas einstellen können.

4. Der Aufenthalt in der Psychotherapeutischen oder Psychosomatischen Klinik (Abteilung)

Aufnahme in der Klinik, erste Eindrücke, Diagnosestellung

Aufnahme in der Klinik: erste Eindrücke

Wenn Sie die Formalitäten im Aufnahmebüro erledigt haben, wird Sie wahrscheinlich eine Schwester auf Ihr Zimmer bringen und Sie dabei auch mit der Anordnung der Räumlichkeiten, mit den Essenszeiten und den Ihnen bevorstehenden Untersuchungen vertraut machen. Hierbei werden Sie, besonders in rein Psychotherapeutischen Kliniken oder Abteilungen, erstaunt sein, daß es nicht „nach Klinik riecht oder aussieht". Vielleicht trägt die Schwester nicht die gewohnte Haube oder sogar nicht einmal die übliche Schwesterntracht, sondern ein hübsches buntes Kleid oder einen Hosenanzug. Auch den Arztkittel vermissen Sie vielleicht, wenn Sie die Schwester darauf aufmerksam macht, daß der Zivilist, der eben vorbeikam, der Psychotherapeut Dr. X. war. In Ihrem Zimmer finden Sie statt weißer nur farbige Betten, Schränke, Tische oder Stühle vor. Sogar Bilder hängen an den Wänden, und ein Teppichbelag bedeckt den Fußboden. Nun, diese Attribute, von denen einige in „Ihrer" Klinik vorhanden sein mögen und andere nicht, bringen Sie wahrscheinlich zu der Empfindung einer anderen Atmosphäre, als sie in den Ihnen vertrauten medizinischen Kliniken herrscht. Sie ist freundlicher, weniger sachlich und nüchtern, oft persönlicher. Die Gegensätze zwischen Ihnen als Patient und den Funktionsträgern (den Therapeuten, Schwestern, Spezialtherapeuten, Sozialarbeitern usw.) treten weniger hervor.

Vielleicht gelingt es Ihnen, in dieser Atmosphäre besser als bisher zu sich selbst zu kommen und damit die Voraussetzungen für Ihre Gesundung zu schaffen. In reinen oder mehr psychosomatischen Kliniken finden Sie natürlich, entsprechend den sachlich bedingten Notwendigkeiten, im Zusammenhang mit körperlich-medizinischen Behandlungen, Hygiene und Sterilität noch mehr Merkmale der Ihnen bekannten Krankenhausatmosphäre. Aber auch hier werden Sie bald merken, daß durch die starke Beachtung aller seelischen und sozialen Faktoren ebenfalls ein „anderer Geist" herrscht, als in der reinen „Organ-Klinik".

Die ersten Tage in der Klinik dienen neben Ihrer Eingewöhnung der *Stellung Ihrer Krankheitsdiagnose*. In manchen Kliniken gibt es hierfür eine besondere *Aufnahmestation*. Ärzte und

Psychologen führen ausführliche Gespräche mit Ihnen, um sich über Ihre Beschwerden und Krankheitssymptome, aber auch über Ihre Probleme und Konflikte ein Bild zu machen, die zu Ihren inneren Spannungen geführt haben, aus denen heraus Ihre Symptome aufgetreten sind. Häufig werden diese psychologisch-diagnostischen Gespräche noch durch psychologische Testuntersuchungen ergänzt, bei denen Sie Fragebögen ausfüllen, etwas zeichnen oder zu bestimmten, Ihnen vorgelegten Bildern Einfälle bringen müssen.

Weiterhin werden Sie natürlich *körperlich untersucht*, gegebenenfalls mit allen notwendigen zusätzlichen Spezialmethoden.

Die Festlegung der Psychotherapie-Form, die Auswahl des Therapeuten und der Beginn der Behandlung

Behandlungsbeginn

Nach der Stellung der Diagnose, worin auch die Feststellung der für Sie charakteristischen Verhaltensweisen und der Sie besonders belastenden aktuellen Probleme enthalten ist, wird entschieden, ob Sie in Einzel- oder Gruppenpsychotherapie kommen. Hierbei werden die Vor- und Nachteile der jeweiligen Behandlungsmöglichkeit mit Ihnen besprochen. Falls Ihre Klinik nicht vorwiegend mit den Methoden der analytischen Psychotherapie arbeitet, wird entschieden werden, ob Autogenes Training, Hypnose, Verhaltens- oder Gesprächs-Therapie durchgeführt wird. Vielleicht sind Sie auch in einer Klinik, die überhaupt nur eine dieser Therapie-Formen praktiziert und ist die Entscheidung, daß diese Behandlungsform bei Ihnen angewandt wird, dann schon vor Ihrer Einweisung gefallen.

Es wird jetzt auch entschieden, zu welcher Therapeutin oder zu welchem Therapeuten Sie in Behandlung kommen. Wenn, wie es gelegentlich vorkommt, diese Entscheidung schwierig ist, kann es notwendig werden, daß Sie dem ganzen Therapeuten-Team vorgestellt werden, so daß sich jeder Therapeut einen persönlichen Eindruck von Ihnen verschaffen kann. Wer dann am ehesten den Eindruck hat, sich gerade auf Ihre Person

und Ihre psychischen Probleme besonders gut einstellen zu können, wird in diesem Fall Ihre Behandlung übernehmen.
Nun beginnt Ihre Behandlung, entweder einzeln oder in Gruppen bis zu acht Patienten. Die Einzelstunden (à 50 Minuten) finden durchschnittlich dreimal wöchentlich (zwei- bis fünfmal) und die Gruppensitzungen (à 100 Minuten) ebenfalls zwischen zwei- bis fünfmal wöchentlich statt. Über den praktischen Ablauf der Einzel- und Gruppenbehandlungsgespräche, die sich übrigens nicht von den üblichen ambulant durchgeführten analytischen Einzel- und Gruppenbehandlungen unterscheiden, wie sie in Teil A dieses Leitfadens beschrieben wurden, wird Sie Ihr Therapeut bei Beginn der Behandlung informieren. Wenn es Ihnen vorübergehend schlechter geht, oder auch aus Gründen, die mit Ihren seelischen Reaktionen und Entwicklungen in der Therapie zusammenhängen, können in Ausnahmefällen zusätzliche Therapiestunden gegeben werden. Es liegt in Ihrem eigenen Gesundungsinteresse, wenn Sie regelmäßig und pünktlich die vereinbarten therapeutischen Sitzungen einhalten und aktiv darin mitarbeiten.

Gemeinsame therapeutische und Beratungs-Gespräche mit Angehörigen

Grundsätzlich besteht die psychotherapeutische Beziehung, das Arbeitsbündnis, nur zwischen Ihnen und Ihrer Therapeutin oder Ihrem Therapeuten. Sie können sich auch darauf verlassen, daß er die ihm gesetzlich auferlegte *Schweigepflicht* einhalten wird, niemandem etwas über den Inhalt Ihrer mit ihm geführten therapeutischen Gespräche mitzuteilen. Es sei denn, daß Sie ihn – z. B. dem Vertrauensarzt eines Kostenträgers gegenüber – schriftlich von seiner Schweigepflicht entbunden haben.

In bestimmten Stadien oder Situationen der Therapie kann es hilfreich oder notwendig sein, daß zur weiteren Aufklärung eines Partnerschafts- oder Familienkonfliktes ein oder mehrere Angehörige von Ihnen in einem Gespräch oder in einer Reihe

Gespräche mit Angehörigen

von Gesprächen mit hinzugezogen werden. An diesen gemeinsamen Gesprächen nehmen dann außer Ihnen und Ihrem Therapeuten noch die jeweiligen Angehörigen teil. Sie finden selbstverständlich nur dann statt, wenn Sie selbst es so wollen und damit einverstanden sind, und wenn vorherzusehen ist, daß Ihr Vertrauensverhältnis zu Ihrem Therapeuten dadurch nicht gestört werden kann. Im übrigen gilt auch den nächsten Familienangehörigen gegenüber die Schweigepflicht des Psychotherapeuten.

Ergänzende Therapie-Formen in der psychotherapeutischen und psychosomatischen Klinik (Abteilung)

Ergänzungsmaßnahmen zur stationären Psychotherapie

Da die Zeit Ihres Aufenthaltes in der psychotherapeutischen bzw. psychosomatischen Klinik oder Abteilung ausschließlich für Maßnahmen frei ist, die Ihrer Gesundung dienen sollen, werden Ihnen die meisten Kliniken neben der Einzel- und Gruppenpsychotherapie noch weitere zusätzliche Behandlungsformen anbieten. Diese sollen die in Ihrer Psychotherapie angestrebten seelischen Gesundungsprozesse fördern, erweitern und ergänzen.

Gestaltungstherapie

In der *Gestaltungs-Therapie* erhalten Sie beim spontanen Malen oder Modellieren mit Ton die Möglichkeit eines besseren Zuganges zu Ihren schöpferischen Kräften und zu Ihren Gefühlen, besonders zu Ihren Körpergefühlen. Denn in Ihrem schöpferischen Tun drückt sich unwillkürlich Ihr eigenes Wesen aus. Die Besprechung der von Ihnen geschaffenen Bilder und Plastiken in der nächsten Therapiestunde und der Ihnen hierbei spontan kommenden Einfälle und spontan aufsteigenden Gefühlsregungen erweitert die Möglichkeiten zu Ihrer Selbstwahrnehmung und Selbsterkennung unter Anregung Ihres Therapeuten.

Gymnastik

In der *Gymnastik, Rhythmik, in Bewegungs- und Gruppenspielen sowie im Sensitivity-Training,* auch im *Schwimmen (-lernen)* werden Ihre Körper- und Bewegungsgefühle und werden Ihre Gefühls- und Empfindungskontakte zu anderen Menschen angeregt und wird deren Wahrnehmung in Ihrem Bewußtsein gefördert. Denn häufig werden die Gefühle und Wahrnehmungen der Teilnehmer dieser meist in Gruppen sich abspielenden therapeutischen Veranstaltungen anschließend von den einzelnen Teilnehmern ausgesprochen und dadurch im Bewußtsein verstärkt.

In der *Musik-Therapie* erhalten Sie Gelegenheit, ganz von Ihrem augenblicklichen Gefühl her für sich selbst oder mit einer oder mehreren Personen zusammen auf irgendeinem der Ihnen zur Auswahl bereitliegenden einfachen Musikinstrumente (Tamburin, Pauke, Trommel, Triangel, Xylophon u. a.) zu spielen. Auch hierbei können Sie neue Erfahrungen über Ihre Gefühle und über Ihre Einstellung zu anderen Menschen machen. Denn auch im Musizieren wie im Tanzen oder der Gymnastik wie im manuellen Gestalten drücken sich die typischen Merkmale Ihres eigenen Wesens aus.

Musiktherapie

Das *Psychodrama* ist eine psychotherapeutische Gruppenveranstaltung, in welcher die Teilnehmer Situationen aus dem eigenen Leben spielen können, die ihnen wichtig sind, weil sie ihre seelische Weiterentwicklung behindert haben, oder weil sie zu unerklärlichen Angst- oder Schuldgefühlen geführt haben. Sie können dabei die anderen Teilnehmer oder den Leiter bitten, die Rolle einer derjenigen Personen zu übernehmen, die damals bei Ihrer „traumatischen Szene" dabei waren, also z. B. Ihrer Mutter, eines Lehrers, einer Schwester u.ä. Die Wiederbelebung, Abreaktion und Bewußtwerdung solcher belastender früherer Lebenssituationen im Psychodrama ist eine der darin enthaltenen therapeutischen Möglichkeiten. Es bietet aber noch verschiedene weitere Möglichkeiten, wie z.B. das Erleben der Vielfalt und Gegensätzlichkeiten in Ihrem eigenen Charakter, beim Spielen unterschiedlicher Rollen. Überhaupt bietet das Spiel, weil es eben nur ein Spiel und damit nicht ganz ernst ist, die Möglichkeit, in entsprechenden realen Lebenssituationen nicht gewagte oder überhaupt nicht für möglich gehaltene eigene neue Verhaltensweisen auszuprobieren.

Psychodrama

Therapeutisch ebenso wirksam können die sich dem Spiel anschließenden gegenseitigen Mitteilungen der einzelnen Teilnehmer über die an sich selbst und an den anderen gemachten Beobachtungen sein. Sie verstärken das Bewußtwerden eigener Charaktermerkmale, Stärken, Schwächen, Probleme und Konflikte, sowie die Wahrnehmung dieser Merkmale beim anderen.

Regelmäßige Teilnahme

Welche der eben aufgeführten spezial- oder hilfstherapeutischen Methoden Ihnen in Ihrem Fall neben der im Mittelpunkt der Behandlung stehenden Einzel- oder Gruppenpsychotherapie empfohlen wird, hängt von den in Ihrer Klinik vorhandenen Gegebenheiten ab und richtet sich vor allem nach den Besonderheiten Ihrer seelischen Krankheits- und Konfliktsituation. Falls Ihnen eine dieser Zusatztherapieformen empfohlen wurde, ist es gut, wenn Sie *regelmäßig daran teilnehmen,* da es auch innerhalb dieser Veranstaltungen zu psychischen Entwicklungsvorgängen in Ihnen kommt, deren Unterbrechung von Nachteil für Sie sein kann.

Die psychotherapeutische Krankenschwester, Helferin und Mitarbeiterin des Psychotherapeuten

Psychotherapeutische Krankenschwester

Die Krankenschwester hat in der psychotherapeutischen und psychosomatischen Klinik (Abteilung) außer der Pflege der körperlich kranken und bettlägerigen Patienten und der Ausführung ärztlicher Verordnungen noch wichtige zusätzliche Aufgaben. Sie hilft nämlich dem Psychotherapeuten indirekt bei der Wahrnehmung seiner psychotherapeutischen Aufgabe, vor allem indem sie ihn über das Verhalten der in ihren Zuständigkeitsbereich fallenden Patienten informiert. Auf Grund ihrer speziellen Erfahrung und durch ihre Teilnahme an psychologischen Weiterbildungskursen ist sie in der Wahrnehmung und im Verständnis der seelischen und körperlichen Reaktionen und Verhaltensweisen der in der Klinik befindlichen Patienten besonders geschult. Sie kann auf diese Weise dem

Therapeuten die für ihn wichtigen Informationen über die in seiner Behandlung befindlichen Patienten übermitteln, so daß dieser zusätzliche Möglichkeiten erhält, die inneren Konflikte seiner Patienten und damit die Ursachen ihrer Symptome noch besser zu verstehen.

Die Schwester kann diese zusätzliche spezielle psychologische Aufgabe am besten dann erfüllen, wenn sie über die wichtigsten Konflikte und Probleme des Patienten Bescheid weiß. Aus diesem Grunde kann es – jedenfalls bei einigen Patienten – hilfreich sein, wenn der Therapeut die zuständige Schwester über einige wesentliche Probleme und Schwierigkeiten des Patienten informiert. Selbstverständlich ist die Krankenschwester genauso wie der Psychotherapeut verpflichtet, über die ihr im Zusammenhang mit Ihrer Behandlung bekanntwerdenden Tatsachen zu schweigen. Außerdem wird Ihr Therapeut, wenn Sie es ausdrücklich wünschen oder solange Sie die alleinige Vertrauensbeziehung zu ihm benötigen, der Schwester nichts über Ihre Behandlung mitteilen. Er wird dies nur mit Ihrem Einverständnis und auch nur mit Ihrem Wissen tun. Sofern oder sobald Sie jedoch akzeptieren können, daß eine vertrauensvolle Zusammenarbeit und gegenseitige Information Ihres Therapeuten und der Krankenschwester eine gute und Ihre psychische Gesundung fördernde Grundlage für Ihre Psychotherapie sein kann, werden Sie wahrscheinlich selbst daran interessiert sein, daß die Schwester in Ihre wichtigsten persönlichen Probleme eingeweiht wird.

Da Grad und Umfang der psychologischen Weiterbildung von Schwestern an psychotherapeutischen und psychosomatischen Kliniken derzeit noch unterschiedlich sind, und da auch die Auffassungen über die Einbeziehung von Schwestern in das psychotherapeutische Behandlungs-Arrangement verschieden sind, werden Sie mit unterschiedlichen Handhabungen dieser Frage rechnen müssen, je nachdem, in welcher Klinik Sie sich befinden.

Medikamente während der stationären Psychotherapie

Medikamente nur in Notfällen

Wenn bei Ihnen – trotz eventuell vorhandener körperlicher Funktionsstörungen – keine eigentliche organische Erkrankung vorliegt, wird es das Ziel Ihres Therapeuten sein, Sie in Ihrem eigenen Interesse frei von Medikamenten zu halten, oder wenn dies nicht von Beginn der Behandlung an möglich ist, da Sie an größere Mengen von Beruhigungsmitteln gewöhnt waren, versuchen, Sie nach und nach frei von Medikamenten zu bekommen. Der Grund hierfür liegt darin, daß alle beruhigend, dämpfend und entspannend und einschläfernd wirkenden Medikamente nicht nur den – durchaus angenehmen – Effekt einer Beruhigung sowie einer Angst- und Spannungsminderung haben, sondern daß dadurch auch Ihre notwendige Wachheit beeinträchtigt wird, über die Sie in der Therapie verfügen müssen, um Ihre innerseelischen Vorgänge wie Gedanken, Gefühle, Emotionen und Affekte so aufmerksam wie möglich wahrnehmen zu können. Auch kann durch solche Medikamente leicht Ihr Wille, Ihre Konflikte zu bewältigen, sich zu verselbständigen und die hiermit verbundenen Schwierigkeiten zu meistern, d. h. letzten Endes gesund zu werden, sehr geschwächt werden. Haben Sie deshalb Verständnis dafür, wenn Ihr Therapeut Ihnen nur einmal im äußersten Notfall ein Beruhigungs-, schmerzstillendes oder Schlafmittel gibt.

Die aus medizinischen Gründen verordneten anderweitigen Medikamente nehmen Sie, genau so, wie Sie es von früheren ambulanten oder stationären Behandlungen gewohnt sind, entsprechend den Ihnen gegebenen Anweisungen. Hierzu gehören nicht nur Medikamente zur Heilung bestimmter erkrankter Organe, Mittel gegen akute Entzündungen oder Drüsen- und Stoffwechselfunktionsstörungen, sondern auch einige Medikamente, die unter Umständen das Nervensystem dahingehend „umstimmen" können, daß die Voraussetzungen für das „Ansprechen" der Psychotherapie sogar verbessert werden können. Nehmen Sie aber solche „Psychopharmaka" nicht auf eigene Faust, sondern richten Sie sich nur nach den Anweisungen Ihres Arztes.

Andere körperliche Behandlungen und fachärztliche Untersuchungen

Auch die Durchführung nicht-medikamentöser körperlicher Heilmethoden wie Diät, medizinische Bäder, Bestrahlungen, Bewegungsübungen und Massagen erfolgt nach den Ihnen vertrauten Regeln der ärztlichen Verordnung. Falls sich während Ihres Klinikaufenthaltes Krankheiten einstellen, die nichts mit Ihrem zur Einweisung führenden seelisch bedingten Leiden zu tun haben, und welche die Hinzuziehung eines im Hause nicht tätigen Facharztes, z.B. für Chirurgie, erforderlich machen, wird Ihr Arzt sofort die Hinzuziehung eines Facharztes der betreffenden Spezialdisziplin veranlassen oder Sie zu einem solchen zur Untersuchung überweisen. Gehen Sie aber, bitte, *nicht ohne Wissen Ihres Therapeuten zu einem anderen Arzt außerhalb der Klinik.* Denn Sie können dadurch einmal finanzielle Schwierigkeiten bekommen, weil Sie diese nicht angeordnete Untersuchung selbst bezahlen müssen, und Sie schaden damit weiterhin Ihrer Psychotherapie, weil Sie Ihrem Therapeuten eine wichtige Information über sich selbst vorenthalten. In wie starkem Maße alle Vorgänge und Aktivitäten, die sich während der stationären Psychotherapie bei Ihnen abspielen, mit der Behandlung zusammenhängen, werden Sie wahrscheinlich erst nach einer gewissen Zeit der Behandlung verstehen können.

Vermeidung alkoholischer Getränke in der Psychotherapeutischen Klinik

Mit einigen wenigen Ausnahmen ist der Genuß alkoholhaltiger Getränke in psychotherapeutischen und psychosomatischen Kliniken oder Abteilungen nicht generell verboten. Es erhalten nur einzelne Patienten aus körperlichen (z.B. Magengeschwür, Leberschrumpfung u.a.) oder seelischen Krankheitsgründen (vor allem Suchtneigung, Gefahr des Kontrollverlustes unter Alkohol u.a.) ein Alkoholverbot. Patienten, bei denen bereits eine nicht mehr ohne weiteres aufhebbare

Alkoholverzicht in der Klinik

Gewöhnung an Alkohol im Sinne weitgehender Abhängigkeit besteht, die also bereits *Alkoholiker* sind, vielleicht ohne es selbst zu wissen oder einzusehen, werden nicht in psychotherapeutischen Kliniken aufgenommen. Sie bedürfen einer – durchaus erfolgversprechenden (Heilungsquote über 50 %!) – mindestens sechsmonatigen Behandlung in Spezialkliniken zur Alkoholentziehung.*)

Ich rate Ihnen, Ihren Konsum alkoholhaltiger Getränke während des Aufenthaltes in der Psychotherapeutischen Klinik so niedrig wie möglich zu halten. Am besten verzichten Sie – wenn Sie es schaffen – während dieser Zeit ganz auf Ihre gewohnte abendliche Flasche Bier oder Ihre ein bis zwei Glas Wein (Getränke mit hochprozentigem Alkoholgehalt wie Weinbrände, Liköre, Getreideschnäpse, Whisky usw. sollten Sie auf jeden Fall weglassen). Der Grund für diesen dringenden Rat liegt weder in der Abwendung einer möglichen körperlichen Schädigung durch Alkoholeinwirkung noch in bestimmten moralischen Leitvorstellungen, wonach der Genuß alkoholischer Getränke „verwerflich" oder „sündhaft" sei. Vielmehr handelt es sich um denselben Grund, aus dem heraus Sie auch keine Beruhigungsmittel nehmen sollen. D. h. Sie sollen der Gefahr entgehen, daß Ihre Sinne und Ihre Aufmerksamkeit, die für die Therapie immer hellwach sein müssen, abgeschwächt werden. Es soll weiterhin verhindert werden, daß Ihre Stimmung durch die Alkoholeinwirkung unnatürlich positiv wird, daß Ihr Konfliktbewußtsein und Ihr Gesundungswille entsprechend geringer werden, so daß Ihr „innerer Motor" für eine erfolgreiche Therapie dann zu schwach wird oder zu langsam läuft.

Bedenken Sie bitte dabei, daß bereits geringe Mengen Alkohol – also ein bis zwei Flaschen Bier oder zwei bis drei Glas Wein – besonders wenn sie jeden Tag genossen werden, also Mengen,

---

*) Alkoholismus ist eine echte Krankheit, und es wird deshalb die stationäre Entziehungsbehandlung von Alkoholikern in entsprechenden Spezialkliniken auch von Krankenkassen oder anderen Kostenträgern finanziert.

die keineswegs betrunken machen, ausreichen können, um die eben geschilderten, sich negativ auf Ihre Therapie auswirkenden Folgen hervorzurufen. Wenn Ihr Nervensystem völlig unbeeinflußt ist von Alkohol und Medikamenten, die seine Funktion verändern würden, haben Sie die besten Voraussetzungen für eine zu Ihrer Gesundung führende Entwicklung in der stationären Psychotherapie.

Die Psychotherapeutische und Psychosomatische Klinik (Abteilung), eine lebendige Großgruppe

Die Behandlung hat begonnen. Sie sind jetzt zwei Wochen in der Klinik und haben sich mit Ihrer neuen Situation allmählich vertraut gemacht. Sie haben auch außer Ihrem Therapeuten einige Krankenschwestern, die Gestaltungs-Therapeutin oder die Gymnastiklehrerin etwas näher kennen gelernt. Auch haben Sie vielleicht darüber hinaus mit einigen anderen Patienten Kontakt aufgenommen. Es wird Ihnen dabei bewußt geworden sein, daß sich das Leben in der Psychotherapeutischen Klinik, genauso wie in jeder Institution, in welcher Gruppen von Menschen zusammenleben wie Familie, Internat, Schiffsbesatzung, Kaserne u. ä. nach bestimmten sozialen Zwängen abspielt, d.h. auf Grund von gegenseitig auf einander wirkenden Kräften, die aus den Bedürfnissen der einzelnen, aus der Zielsetzung der Institution als Ganzer und aus den räumlichen, wirtschaftlichen und rechtlichen Begrenzungen der äußeren Wirklichkeit entstehen. Diese verschiedenen Kräfte müssen, damit ein Gruppenorganismus funktionieren kann, miteinander in Einklang gebracht werden.

Die Hausordnung

Alle Psychotherapeutischen Kliniken verfügen zur Sicherstellung des innerbetrieblichen Ablaufes und eines ungestörten Therapieverlaufes über eine Hausordnung. Hierin finden Sie die Regelung der Essenszeiten, die nächtlichen und mittäglichen Ruhezeiten, die formalen Regelungen über die Pflege und

Ordnungsregelungen in der Klinik

Instandhaltung Ihres Zimmers, die Hausempfehlungen über die Regelungen der Therapieveranstaltungen, Hinweise auf Ihnen in der Freizeit zur Verfügung stehende Einrichtungen u.v.a. Die Hausordnung versucht, die im vorigen Abschnitt beschriebenen, in einem lebendigen Großgruppen-Organismus wirksamen Kräfte in der Weise durch Empfehlungen, Hinweise, Anordnungen und auch Verbote zu regeln, daß alle therapie-behindernden Auswirkungen eingeschränkt oder vermieden werden, und daß alle therapie-fördernden Kräfte freigesetzt und verstärkt werden. Es entspricht der Einsicht in die Gesetzmäßigkeiten der Wirklichkeit, daß sich in einigen Kliniken — besonders in den größeren, deren organisatorischer Ablauf schwieriger zu regeln ist als in den kleineren intimeren Abteilungen und Kliniken, wo fast alle sich gegenseitig kennen — Sanktionen bzw. disziplinarische Maßnahmen bei Zuwiderhandlungen gegen wichtige Punkte der Hausordnung nicht zu vermeiden sind.

*Urlaubs- und Besuchsregelung
in psychotherapeutischen Kliniken*

In vielen Fällen ist, wie vorher gezeigt wurde, der Grund für die stationäre Durchführung der Psychotherapie die Herstellung einer vorübergehenden Distanz zum Konfliktmilieu gewesen. Sie sollen Gelegenheit bekommen, zu sich selbst zu kommen und dabei möglichst wenig gestört werden. Deshalb ist es in den meisten Fällen, besonders im ersten Teil der stationären Psychotherapie ratsam, keine Besuche zu empfangen oder selbst Besuche außerhalb der Klinik zu machen. Ausnahmen hiervon werden jeweils mit Ihrem Therapeuten besprochen. Im letzten Teil der Behandlung, wenn Sie schon zu sich selbst gefunden haben und sich in Ihrem Verhalten vielleicht etwas geändert hat, kann es hingegen förderlich oder sogar notwendig sein, daß Sie Kontakt mit Ihren Angehörigen aufnehmen und sich dabei prüfen können, ob die bei Ihnen eingetretenen Veränderungen bereits stabil sind, oder ob Sie gegenüber dem

„Erwartungsdruck" Ihrer Angehörigen, wieder so zu sein wie Sie vorher waren, wieder zusammenbrechen. Die Formalitäten der Urlaubs- und Besuchsregelungen sind meist in der Hausordnung aufgeführt.

Patienten-Vertretungen, Patienten-Mitsprache in psychotherapeutischen Kliniken

In verschiedenen psychotherapeutischen und psychosomatischen Kliniken oder Abteilungen, besonders in größeren oder solchen, in denen viele Patienten mit langer Aufenthaltsdauer untergebracht sind, haben die Patienten Initiativen ergriffen und selbst die Verantwortung für einen Teil der sie betreffenden Angelegenheiten in der Klinik übernommen. So haben sie z.B. in Selbsthilfe die Organisation von Freizeitveranstaltungen, Benutzung von Sportplätzen, der Schaffung einer Patienten-Bibliothek, der Bildung eines aus Patienten bestehenden „Begrüßungs-Komitees" zur Einführung von Neuankömmlingen u.a. in die Hand genommen. Zum Teil haben sie sich hierfür auch „Vertrauenspatienten" gewählt und Satzungen geschaffen, in denen ihre Tätigkeit und die Kooperation mit den Funktionsträgern der Klinik niedergelegt ist.

Die Klinik als Großgruppe

Die Therapeuten, Schwestern, Sozialarbeiter und Verwaltungs- und Wirtschaftsfunktionäre der Klinik greifen solche Patienten-Initiativen in der Regel gern auf. Denn einmal sind es positive Anzeichen dafür, daß die Patienten sich mit ihrer gegenwärtigen äußeren Realität, d.h. der Klinik, bewußt und verantwortlich auseinandersetzen, also nicht nur individuell (in der eigentlichen Psychotherapie), sondern auch sozial eine therapeutisch fruchtbare Aktivität entfalten. Die beteiligten Patienten machen dabei auch gleichzeitig einen unwillkürlichen Übungs- und Lernprozeß hinsichtlich ihres Verhaltens in Funktionsgruppen durch, der ihnen später nach der Klinikentlassung zugute kommen kann. Zum zweiten aber geben solche demokratischen Aktivitäten den Funktionsträgern der Klinik wichtige Informationen über eventuelle Mißstände oder Unzulänglichkeiten innerhalb der Klinik. Im optimalen Fall können in gemeinsamen Sitzungen der Funktionsträger und Patienten oder ihrer Vertreter Verbesserungen der Ausstattung oder der Organisation in der Klinik gemeinsam erarbeitet werden.

Was machen Sie in Ihrer Freizeit?

Die Freizeit: Möglichkeit und Versuchung

Neben der Teilnahme an den therapeutischen Einzel- und Gruppensitzungen und den zusätzlichen spezialtherapeutischen Veranstaltungen haben Sie verhältnismäßig viel freie Zeit in der Klinik. In einigen Kliniken gibt es ein Angebot von geregelten Freizeit-Veranstaltungen mit Spaziergängen, sportlichen, geselligen und kulturellen Veranstaltungen. In anderen Kliniken wird Ihnen selbst die Entscheidung überlassen, wie Sie Ihre Freizeit ausfüllen und einteilen. Vielleicht sind Sie zu Hause immer sehr stark eingespannt gewesen und können es genießen, jetzt einmal viel Zeit für sich selbst zu haben und zu tun, wozu Sie Lust haben, z. B. zu lesen, zu musizieren, Musik zu hören, spazierenzugehen, zu schwimmen, zu kegeln, ins Theater zu gehen oder nur zu ruhen und Ihren Gedanken und Phantasien nachzuhängen. Auch kann es passieren, daß Sie erstmalig in Ihrem Leben eine echte Möglichkeit für sich darin entdecken und Freude daran finden zu malen, zu zeichnen, in Ton zu modellieren, in Holz zu schnitzen oder eine Batik anzufertigen.

Vielleicht überfällt Sie aber auch bei dem plötzlichen Angebot so viel freier Zeit Unruhe oder Angst, und es ist Ihnen dann lieber, wenn Ihre Freizeit „von oben herab" geregelt wird. Falls dies nicht geschieht und Sie selbst etwas tun müssen, wird die Versuchung für Sie groß werden, in irgendeine Situation oder Tätigkeit zu flüchten, die Ihnen Ablenkung und damit das Gefühl einer Entlastung bringt. Am häufigsten werden Sie in solchen Situationen wahrscheinlich *andere Patienten aufsuchen*. Solche Kontakte können Ihnen durchaus echten persönlichen Gewinn bringen. Bedenken Sie aber auch, daß es sich bei Ihren neuen Bekannten *ebenfalls um Patienten mit seelischen Störun-*

gen, Schwierigkeiten und Problemen handelt. Die Versuchung kann groß werden, sich nunmehr gegenseitig die eigenen seelischen Nöte und Sorgen vorzutragen und den anderen um Verständnis und Rat zu bitten. Der andere wird auch häufig diesem Ersuchen nachgeben und Ihnen gegenüber die Rolle des ,,Therapeuten" übernehmen (oder umgekehrt). Die Folgen einer solchen Art von Beziehung sind aber fast immer negativ. Denn eine echte therapeutische Hilfe können Sie sich gegenseitig meist nicht leisten, sondern meist kommt es dazu, daß Sie sich gegenseitig immer mehr in Ihre Konflikte und Probleme hineinsteigern. Die zweite negative Folge dieses Verhaltens ist die, daß Sie Ihrem Therapeuten zunehmend weniger von Ihren inneren und äußeren Problemen sagen, da Sie vieles schon im Gespräch mit Herrn X. oder Fräulein Y. losgeworden sind. Ihr Therapeut kann Sie demzufolge auch nur noch unvollständig verstehen und Ihnen deshalb auch nicht mehr so gut helfen.

Daraus folgt die wichtigste Empfehlung für Ihr Kontakt-Verhalten in der Klinik: *Reden Sie nicht mit anderen Patienten über Ihre Krankheitserscheinungen, über Ihre persönlichen Probleme und Konflikte sowie über Ihre Psychotherapie!* Beschränken Sie Ihre Kontakte auf gemeinsame Tätigkeiten und Spiele in der Klinik oder auf Gesprächsinhalte, die außerhalb Ihrer ganz persönlichen Lebensprobleme und Ihrer Krankheitssymptome liegen.

Falls Sie aus Gründen, die mit der besonderen Art Ihrer Erkrankung oder Situation zusammenhängen, mehrere Monate in der Klinik verbringen müssen, wird unvermeidlich nach einer gewissen Zeit eine *Entfremdung von der äußeren Lebenswirklichkeit* eintreten. Wahrscheinlich werden Sie diese selbst bemerken und versuchen, ihr zu begegnen. Falls Ihre Klinik in einer größeren Stadt oder deren Nähe liegt, kann dies in häufigeren nach außen, d.h. außerhalb der Klinik gerichteten Aktivitäten geschehen. Sie können sich mit Freunden und Bekannten treffen, in der Stadt kulturelle oder sportliche Veranstaltungen besuchen, kurz, Sie können all das tun, was Sie wieder näher an die „Welt draußen" heranbringt.

Seelische Gesundung und Neuorientierung

Psychische Wiederherstellung und Eingliederung (Rehabilitation) und psycho-soziale Neuorientierung

In der Regel kehrt der aus einer psychotherapeutischen oder psychosomatischen Klinik (Abteilung) entlassene Patient in seine vorherige Wohn- und Arbeitssituation zurück. Dies gilt vor allem für die kurzfristigen Behandlungen von sechs bis acht Wochen Dauer, aber auch für den größeren Teil der längerfristigen, d.h. drei bis sechs Monate und länger dauernden stationären Behandlungen. Bei denjenigen Patienten jedoch, die aus Gründen einer notwendigen Distanzierung von ihrem Konfliktmilieu mit dem Ziel einer psycho-sozialen Neuorientierung in die Klinik eingewiesen worden waren, oder bei denen sich im Verlaufe einer stationären Behandlung eine solche Neuorientierung als notwendig herausgestellt hat, müssen sich an die eigentlichen psychotherapeutischen Maßnahmen, die vorwiegend *innerpsychische* Entwicklungen und Verhaltensänderungen beinhalten, noch Maßnahmen anschließen, welche die das *äußere* Leben des Patienten betreffenden notwendigen Veränderungen vorbereiten und in Gang setzen. Diese Maßnahmen werden auch psychische oder psycho-soziale Rehabilitations-Maßnahmen genannt. Einzelne größere psychotherapeutische und psychosomatische Kliniken haben besondere Abteilungen zur Einleitung und Durchführung solcher psycho-sozialer Rehabilitationsmaßnahmen eingerichtet.

Psycho-soziale Rehabilitation im privaten Bereich

Neuorientierung im Privatleben

Im Verlaufe der Aufdeckung der speziellen Persönlichkeitskonflikte, die der neurotischen Erkrankung eines Patienten zugrunde liegen, wird es des öfteren deutlich, daß die in der stationären Psychotherapie erzielten Fortschritte im Hinblick auf Symptombesserung, Konfliktbewältigung, Verhaltensänderung und Selbstverwirklichung nach der Entlassung aus der

Klinik nur dann beibehalten und weiter verbessert werden können, wenn der Patient nicht in das alte private Milieu zurückkehrt. Dies bedeutet praktisch meistens, daß er einen *anderen Wohnsitz* nehmen muß, entweder am gleichen oder an einem anderen Ort. Häufig ist eine solche einschneidende Maßnahme mit einer Reihe emotional und affektiv belastender persönlicher Auseinandersetzungen mit Angehörigen und Bekannten, aber auch mit sachlichen Erfordernissen und Schwierigkeiten verbunden. Sowohl Ihr Therapeut als auch die Sozialarbeiterin oder der Sozialarbeiter der Klinik werden Ihnen bei der Überwindung dieser privaten und sachlich-praktischen Schwierigkeiten insoweit helfen, als Sie es aus Ihrem zwar gebesserten, aber zu diesem Zeitpunkt oft noch nicht genügend stabilisierten Zustand her allein noch nicht bewältigen können. Diese Hilfe besteht in gemeinsamen Aussprachen mit Ihren daran beteiligten Angehörigen und Bekannten, in Erkundigungen und Kontakten mit Wohnungsvermittlungen, Wohnungsämtern und allen Dienststellen und Einzelpersonen, die bei der Regelung dieser Belange eine Rolle spielen.

Psycho-soziale Rehabilitation im beruflichen Bereich

Nicht selten stellt sich während einer stationären Psychotherapie heraus, oder war es schon vor der Einweisung in die Psychotherapeutische Klinik klar, daß eine *psychische Gesundung nur im Zusammenhang mit einer beruflichen Veränderung verwirklicht werden kann.* Eine solche Veränderung kann bestehen: *Neuorientierung im Beruf*

a) In der Erlangung der Fähigkeit zur Ausübung einer *kontinuierlichen* beruflichen Tätigkeit im allgemeinen Erwerbsleben, wobei es hier nicht auf die spezielle Art der Tätigkeit, sondern auf die Erlernung und Stärkung der *Durchhaltefähigkeit* über festgelegte, allmählich sich steigernde Zeiträume hin ankommt,

b) in der *Wiederaneignung* einer wegen anhaltender Arbeitsunfähigkeit längere Zeit nicht mehr ausgeübten *speziellen beruflichen Tätigkeit oder Fähigkeit,*

c) im *Wechsel des Arbeitsplatzes,* unter Beibehaltung der bisherigen beruflichen Tätigkeit, und

d) in der *Erlernung eines neuen Berufes.*

Entsprechend der jeweiligen Ausstattung der psychotherapeutischen oder psychosomatischen Klinik (Abteilung) werden einige der unter a) bis d) genannten beruflichen Rehabilitationsmaßnahmen im Rahmen der stationären Behandlung teils eingeleitet, teils aber auch schon durchgeführt werden. Besonders gilt dies für die unter a) und b) genannten Maßnahmen. So gehen z.B. die Patienten einzelner Kliniken in einem fortgeschrittenen Stadium ihrer stationären Behandlung stundenweise oder halbtags von der Klinik aus in Arbeitsstellen und Betriebe arbeiten, die von der Klinik aus gut erreichbar sind. Diese Arbeitsstellen suchen sich die Patienten entweder selbst, oder sie werden durch die Klinik, meist durch den Sozialarbeiter, vermittelt. Sie werden von den Kostenträgern der stationären Behandlung, in erster Linie den Krankenkassen, in der Regel als „therapeutische Arbeitsversuche" anerkannt.

Einzelne Kliniken verfügen auch im Rahmen ihrer eigenen Institution über begrenzte Möglichkeiten zur Erlernung und Erprobung einer ganz allgemeinen Arbeitsfähigkeit. Dies hat dann den Vorteil, daß die Arbeitserprobung unter geschützten Bedingungen stattfinden kann.

Die unter c) und d) genannten Maßnahmen im beruflichen Bereich der psycho-sozialen Rehabilitation, also Arbeitsplatzwechsel und berufliche Umschulung, können in der Regel *nicht in der Klinik* oder von der Klinik aus während des stationären Aufenthaltes durchgeführt werden. Sie können aber von der Klinik aus vorbereitet und in Gang gesetzt werden. Sowohl der Therapeut als auch die Sozialarbeiterin tragen in solchen Fällen durch Informationen und Kontakte und vermittelnde

Gespräche mit Lehr- und Ausbildungsstätten, Schulen, Hochschulen, Arbeitsstellen, Organisationen, Behörden und Institutionen der beruflichen Rehabilitation usw. intensiv zur Verwirklichung des notwendigen Arbeitsplatzwechsels oder der beruflichen Umschulung bei. Mittels Berufsinteressen- und Berufseignungs-Tests können schon vor der Einleitung spezieller beruflicher Umschulungsmaßnahmen die persönlichen Voraussetzungen der betroffenen Patienten geprüft werden.

Die berufliche Umschulung kann dann im Einzelfall schon während des Aufenthaltes in der psychotherapeutischen oder psychosomatischen Klinik (Abteilung) beginnen. Sie wird sich jedoch in den meisten Fällen unmittelbar an die Entlassung aus der Klinik anschließen, oder sie wird einige Zeit danach anfangen. Im letzteren Fall verbleibt noch ein unterschiedlich langer Vorbereitungs- und Umgewöhnungszeitraum zwischen Klinikentlassung und Umschulungsbeginn.

Es kommt praktisch häufig vor, daß Rehabilitationsmaßnahmen des privaten und des beruflichen Bereiches miteinander verbunden sind und die während des Klinikaufenthaltes zu treffenden Vorbereitungen und Initiativen deshalb auch beide Bereiche gleichzeitig betreffen müssen.

Die Entlassung aus der Psychotherapeutischen oder Psychosomatischen Klinik (Abteilung)

Nach der Entlassung aus der Klinik werden Sie meist eine gewisse Zeit der Umstellung und der Wiedergewöhnung an Ihre häusliche Umgebung benötigten, besonders wenn der Klinikaufenthalt längere Zeit gedauert hat. Sie werden bemerken und sich damit auseinandersetzen, daß Ihre Angehörigen, Bekannten und Arbeitskollegen nicht in gleicher Weise bereit sind, auf Sie einzugehen und Ihnen Verständnis entgegenzubringen, wie die Therapeuten und Schwestern in der Klinik. Auch werden Sie sich wieder an die normalen Belastungen und Anforderungen des Alltages außerhalb der Klinik gewöhnen müssen. Unter dieser Umstellung kann es vorkommen,

Wiedereintritt in den Alltag

daß Ihr seelisches Befinden sich verschlechtert. (Dies kann sogar schon geschehen, wenn Sie noch in der Klinik sind, die Entlassung aber unmittelbar bevorsteht). Diese eventuelle Verschlechterung ist aber eine vorübergehende Reaktion, nach deren Abklingen Sie feststellen werden, daß die während der vorangegangenen stationären psychotherapeutischen Behandlung bei Ihnen erzielten Fortschritte und Besserungen Sie gesünder, stabiler, leistungsfähiger und zuversichtlicher gegenüber früher gemacht haben.

Psychotherapeutische Weiterbehandlung nach der Klinikentlassung

Ambulante Weiterbehandlung

In einer größeren Anzahl von Fällen schließt sich an die in der Klinik begonnene Psychotherapie eine ambulante Psychotherapie an. Der Aufenthalt in der Klinik soll im allgemeinen so kurz wie irgend möglich gehalten werden, damit nicht eine zu starke Entwöhnung von den normalen Beziehungen und Belastungen des Alltages eintreten kann. Deshalb können viele aus den vorher genannten Gründen in der Klinik begonnenen psychotherapeutischen Behandlungen nicht auch dort bis zu Ende geführt werden, sondern es erfolgt die Entlassung aus der Klinik, sobald der psychische und körperliche Zustand eine ambulante Weiterbehandlung erlaubt. Die psychotherapeutische Behandlung ist in diesem Stadium aber oft noch nicht abgeschlossen – gelegentlich bestehen auch noch leichtere Krankheitszeichen – so daß die in der Klinik begonnene Psychotherapie unbedingt ambulant fortgesetzt werden muß. Oft ist jetzt noch – entsprechend der notwendigen langen Dauer einer psychotherapeutischen Einzel- oder Gruppenbehandlung – ein wesentlich längerer ambulanter Behandlungszeitraum erforderlich als die Zeit der einleitenden oder zwischengeschobenen stationären Psychotherapie betragen hat.

In jedem Fall erhält derjenige Arzt, der Sie in die psychotherapeutische oder psychosomatische Klinik (Abteilung) eingewiesen hat, einen schriftlichen *Entlassungsbericht*, in welchem die Vorgeschichte Ihrer Erkrankung, die von der Klinik erhobenen psychologischen und körperlichen Krankheitsbefunde dargelegt werden, der Krankheits- und Gesundungsverlauf, die angewandten therapeutischen Maßnahmen beschrieben werden, und in dem Voraussagen über den zu vermutenden künftigen Verlauf gemacht werden. Schließlich wird natürlich eine Diagnose gestellt und werden gegebenenfalls Empfehlungen für die weitere Behandlung gegeben. Falls es erforderlich ist oder gewünscht wird, erhalten auch noch weitere Ärzte Abschriften des Entlassungsberichtes, vor allem der weiterbehandelnde Psychotherapeut, wenn dieser nicht der einweisende Arzt ist.

Da die Sicherstellung eines Behandlungsplatzes und eines Termines für den Behandlungsbeginn bei einem niedergelassenen Psychotherapeuten, der ambulante Psychotherapie durchführt, meist mit erheblichen Wartezeiten verbunden ist, empfiehlt es sich, schon von der psychotherapeutischen oder psychosomatischen Klinik (Abteilung) aus, Kontakt mit niedergelassenen Psychotherapeuten aufzunehmen und die ambulante Weiterbehandlung sicherzustellen, falls Sie nicht schon vor der Klinikeinweisung in ambulanter Psychotherapie waren und dann bei Ihrem alten Psychotherapeuten weiterbehandelt werden können. Bei der Suche nach einem Platz zur ambulanten psychotherapeutischen Weiterbehandlung wird Ihnen die Klinik sicher gegebenenfalls behilflich sein.

Leider ist es nur in Ausnahmefällen möglich, daß der Sie in der Klinik behandelnde Psychotherapeut auch Ihre ambulante Weiterbehandlung übernehmen kann. Aus diesem Grunde ist es meistens unvermeidlich, daß Sie sich mit der Entlassung aus der Klinik auch von Ihrem bisherigen Psychotherapeuten trennen müssen und Sie sich an einen neuen gewöhnen müssen, nämlich den Sie ambulant weiterbehandelnden. Da die Bindung an den Psychotherapeuten meist intensiver ist als diejenige eines organisch Kranken an seinen Arzt, ist diese Umstellung bisweilen nicht ganz einfach. Es hat sich aber auf Grund zahlreicher Erfahrungen gezeigt, daß ein Wechsel des Therapeuten, der auch aus anderen Gründen gelegentlich vorkommt, bis auf geringfügige Ausnahmen für den Patienten durchaus zumutbar ist, und daß er mit keinen Risiken oder Gefahren für ihn verbunden ist.

Diejenigen Empfehlungen, welche Ihre weitere Behandlung betreffen, wenn sie *nicht* ambulant psychotherapeutisch weiterbehandelt werden müssen, eventuelle Kontrollen Ihres Gesundheitszustandes oder eine eventuelle Wiederaufnahme in der Klinik (im Falle einer fraktionierten oder Intervalltherapie) werden Sie von Ihrem Kliniktherapeuten bei der Entlassung bekommen. Hinweise, welche die Regelung noch offener Kostenfragen u.ä. administrativer Dinge betreffen, werden Sie von der Klinikverwaltung erhalten.

Schlußwort

Psychotherapie ist noch mehr als nur Behandlung neurotischer Erkrankungen

Mit meinen Ausführungen wollte ich Ihnen einen Einblick in die praktische Anwendung der Psychotherapie geben und Ihnen damit helfen, vielleicht vorhandene Ängste vor diesem heutzutage immer wichtiger werdenden Behandlungsverfahren zu nehmen.

Zum Abschluß möchte ich noch hinzufügen, daß die eigenen Mühen, denen Sie sich zweifellos im Verlaufe einer psychotherapeutischen Behandlung unterziehen müssen, falls sich eine solche bei Ihnen als notwendig erweist, nicht nur durch die Heilung oder Besserung Ihrer neurotischen Krankheitserscheinungen belohnt werden, sondern Sie werden darüber hinaus einen positiven Gewinn für Ihr ganzes weiteres Leben aus Ihrer Psychotherapie davontragen. Sie werden nach dem Abschluß Ihrer Behandlung ein positiveres Lebensgefühl haben. Ihre erweiterte und vertiefte Selbstkenntnis wird Ihnen dazu verhelfen, Ihr eigenes Leben reichhaltiger zu gestalten, von Ihren positiven Anlagen besser als früher Gebrauch zu machen und mit Ihren Schwächen besser als zuvor umzugehen. Sie werden gleichzeitig Ihre Beziehungen zu anderen Menschen und deren Beziehungen zu Ihnen besser als früher durchschauen und dadurch in der Lage sein, die für Sie passenden menschlichen Kontakte zu finden und die Sie behindernden Kontakte zu vermeiden. Sie werden „realer" leben können, d.h. freier von unrealistischen und illusionären Verkennungen sowohl Ihrer eigenen Persönlichkeit als auch Ihrer partnerschaftlichen, familiären und beruflichen Situation. All das wird Sie davor schützen, in Ihrem weiteren Leben in Situationen zu geraten, in denen Ihnen bisher nur die unbewußte Flucht in die neurotische Erkrankung möglich gewesen war. Die Psychotherapie ist deshalb nicht nur Heilung neurotischer Erkrankungen und nicht nur vertiefte Selbsterkenntnis und Realitätswahrnehmung, sondern sie kann außerdem noch einen Schutz vor zukünftigen Krankheitsrückfällen herstellen und eine Bereicherung Ihres künftigen Lebens in die Wege leiten.

Wolfram Lüders
Psychotherapeutische Beratung
Theorie und Technik.
1974. 135 Seiten, kartoniert

Kein Verfahren wird heute in der Psychotherapie so häufig angewandt wie die psychotherapeutische Beratung. Trotzdem gibt es keine genuine Beratungsmethode. Hier wird diese Methode dargestellt. Sie befähigt den Ratsuchenden, die Bedingungen seines Verhaltens zu erkennen, zu verstehen und zu verändern. Diesen Prozeß besorgen Erkenntnisse, Einsichten und Handlungsentwürfe. Sie definieren die Verhaltensprobleme konkret und machen sie so der Bearbeitung zugänglich. Psychotherapie wird zu einem Experiment, das der Ratsuchende während der Beratung erlernt, nach der Beratung selbständig fortsetzt. Das Ziel des Experiments ist die Selbststeuerung des Verhaltens. Sie wird durch eine handlungsnahe Theorie ermöglicht, durch die Setzung von Lernzielen und die Beschreibung notwendiger Lernschritte. Der psychotherapeutische Prozeß verliert so seinen mysteriösen Charakter. Man kann neues Verhalten erlernen, altes Verhalten verändern. Eine erfolgreiche Therapie ist eine Frage der Theorie, der Mittel und der Ziele.

Rolf Göllner
Psychodiagnostische Tests
Eine Einführung für Mediziner unter besonderer Berücksichtigung der Diagnostik in der Psychotherapie.
1975. Etwa 160 Seiten, kartoniert

In Verständlicher Form wird der an Tests interessierte Leser mit dem Rüstzeug versehen, das ihn zum Verständnis von Tests und zur Einschätzung der Leistungsfähigkeit, aber auch der Grenzen psychodiagnostischer Verfahren befähigt. Zahlreiche Beispiele und Abbildungen veranschaulichen den Text. Ausführliche Beispiele – Protokolle und Interpretationen – dienen der Konkretisierung und vertiefen das Verständnis.

Verlag für Medizinische Psychologie
Vandenhoeck & Ruprecht in Göttingen und Zürich

Siegfried Elhardt
Aggression als Krankheitsfaktor

Eine Einführung in das Verständnis der psychosomatischen Medizin.
1974. 148 Seiten, kartoniert
(Beiheft zur Zeitschrift für Psychosomatische Medizin und Psychoanlayse, 4)

„Das Buch kann in erster Linie dem psychosomatisch interessierten Leser empfohlen werden, der sich über die neueren Entwicklungen auf diesem Gebiet orientieren möchte. Die angegebene Literatur ist auf dem heutigen Stand und ermöglicht ein weiteres Vertiefen in das Thema." Dr. A. Hedri/Hospitalis

Arthur Jores
Der Kranke mit psychovegetativen Störungen

Ursache – Klinisches Bild – Behandlung.
1973. 192 Seiten, kartoniert

Dieses Buch richtet sich an den praktisch tätigen Arzt und Internisten als Hilfe für das Verständnis der psychovegetativen Dystonie und als Anleitung zur Behandlung dieser heute so häufigen Erkrankung. Die Symptome werden als "Körpersprache" aufgefaßt, als Ausdruck von speziell gelagerten Konflikten. Die meist anfallsartig oder wellenförmig auftretenden Symptome entstehen in unmittelbarem zeitlichen Zusammenahng mit Ereignissen, die den ungelösten seelischen Konflikt berühren. Daher ist es möglich, neben suggestiven Maßnahmen eine Gesprächsbehandlung am Symptom zu orientieren. Eine solche Behandlung erfordert von dem Arzt psychologische Kenntnisse wie sie etwa durch ein Balintseminar vermittelt werden, aber keine spezielle analytische Ausbildung.

Verlag für Medizinische Psychologie
Vandenhoeck & Ruprecht in Göttingen und Zürich